Crítica da democracia liberal e dos rituais do poder

Bruno Lima Rocha Beaklini

Crítica da democracia liberal e dos rituais do poder

Discussões conceituais e análises conjunturais do Brasil no princípio do século XXI

coragem

Porto Alegre e São Paulo
2025

Projeto editorial
Thomás Daniel Vieira e Felipe Corrêa.

Capa
Cintia Belloc.

Diagramação
Thomás Daniel Vieira.

Revisão e preparação de texto
Guilherme Verde.

EDITORA CORAGEM LTDA
www.editoracoragem.com.br
contato@editoracoragem.com.br
(51) 98014.2709

FAÍSCA PUBLICAÇÕES LIBERTÁRIAS
www.editorafaisca.net

Porto Alegre, RS, e São Paulo, SP.
Primavera de 2025.

Dados Internacionais de Catalogação na Publicação (CIP)

B366c Beaklini, Bruno Lima Rocha
Crítica da democracia liberal e dos rituais do poder; discussões conceituais e análises conjunturais do Brasil no princípio do século XXI / Bruno Lima Rocha Beaklini; prefácio Felipe Corrêa. – Porto Alegre: Coragem; São Paulo: Faísca, 2025.
232 p. : il.

ISBN: 978-65-85243-63-6.

1.Democracia – Brasil. 2. Democracia liberal. 3. Ciência política. 4. Participação política. 5. Partidos políticos – Esquerda – América Latina. 6. Política – Brasil. 7. Cultura política. 8. Campanha eleitoral. 9. Organizações políticas. 10. Governabilidade. I. Corrêa, Felipe. II. Título.

CDU: 321.7(81)

Bibliotecária responsável: Jacira Gil Bernardes – CRB 10/463

Sumário

PREFÁCIO

Estado e democracia no Brasil em perspectiva libertária

Felipe Corrêa

Bakunin e a teoria libertária do Estado

Cento e quarenta anos atrás, o revolucionário russo Mikhail Bakunin sustentava, em seu livro *Estatismo e Anarquia*, que "quem diz Estado, diz necessariamente dominação". Para não ser conquistado por outros Estados e para conseguir manter a ordem interna, explicava ele, o Estado deve aumentar permanentemente sua força e a resultante deste processo é a dominação em todas as esferas. No campo político, além do imperialismo e da coação física, a dominação político-burocrática – a qual ocorre quando um grupo restrito, de minorias, toma decisões que afetam a sociedade como um todo, as maiorias – é uma das mais antigas e constitui um traço característico de todas as formas do Estado moderno.

A participação política generalizada, preconizada por Bakunin em sua proposta de federalismo, é impedida estruturalmente pelo Estado. Ainda que haja formas que permitam mais participação que outras – e, para ele, a democracia representativa era não somente preferível à monarquia ou à ditadura militar, mas contava com algum espaço para a participação –, o aspecto central e definidor do Estado é que ele constitui um instrumento de governo de minorias.

Inserido numa dinâmica mais ampla e relacionando-se com a sociedade civil em geral e com as classes sociais em particular, o Estado resume-se a um instrumento de dominação de classe. Entretanto, a noção bakuniniana de Estado difere da conhecida fórmula do *Manifesto Comunista*, em que o Estado é conceituado como "poder organizado de uma classe para opressão de uma outra". Para Bakunin, distintamente, a burocracia é uma classe dominante e a dominação do Estado, se algumas vezes se dá pela submissão direta do aparelho político a uma classe dominante particular (no caso do "Estado burguês"), na maioria dos casos se estabelece por meio da concertação entre diferentes classes dominantes.

Analisando a sociedade europeia do século XIX, o russo considerava, em diferentes casos, que a dominação estatista era protagonizada por um acordo entre proprietários dos meios de produção (nobreza e burguesia), os proprietários dos meios de administração, controle e coerção (burocracia), e os proprietários dos meios de produção de conhecimento (clero). Apesar de possuírem interesses particulares frequentemente díspares, essas classes tinham um interesse comum que o Estado podia perfeitamente atender: a manutenção da ordem e, assim, a conservação da estrutura de classes da sociedade, dando continuidade não somente à dominação de classe, mas também aos privilégios oriundos desta dominação.

Para Bakunin, a burocracia constitui-se com indivíduos oriundos de várias classes sociais, possui autonomia relativa em relação às outras classes dominantes e forja-se numa tensão permanente com a sociedade civil e as outras classes sociais. Por mais que os interesses não se originem mecanicamente da estrutura social, a burocracia tende a desenvolver interesses próprios, ainda que busque conciliá-los com outros. Dentre os mais evidentes estão: a manutenção do Estado e sua continuidade como classe que o administra. A vinculação da burocracia com um *modus operandi* constituído historicamente pelo Estado a compromete inevitavelmente com as dominações que lhe são características. A psicologia dominadora originada pela posição superior na hierarquia social, em especial o orgulho de um status diferenciado, possuem efeitos reais, que aumentam as chances de os burocratas apoiarem a continuidade da estrutura sistêmica de dominação. Quanto maior a falta de oposição e controle, pior a corrupção dos burocratas, que tendem, cada vez mais, a agir em função de interesses particulares ou restritos.

Especialmente no caso de as dominações em outras esferas continuarem, tais como a exploração do trabalho e a alienação cultural, o Estado e a burocracia tendem a se conservar. As dominações se reforçam umas às outras e, desse modo, o capitalismo e a cultura de submissão estimuladas nas massas fortalecem o Estado e este, ao mesmo tempo, reforça as dominações na esfera econômica e cultural/ideológica.

Esta lógica estrutural do Estado, sustenta o revolucionário, é capaz de se impor às vontades dos indivíduos que compõem a burocracia. O Estado modifica muito mais aqueles que passam a administrá-lo do que o contrário. Mesmo com o fim de outras classes, no caso de o Estado continuar a existir e de se nacionalizarem os meios de produção – como foi o caso na antiga União Soviética e de todo o chamado "mundo socialista" –, Bakunin acreditava que o Estado criaria, por si mesmo, uma única classe dominante, a burocracia, que tenderia a manter a dominação de classe na sociedade.

O Estado, em todos os casos, implica o governo da imensa maioria por uma minoria privilegiada de classe, e mesmo que esta minoria tenha origem entre os trabalhadores, enfatiza o russo, "tão logo se tornem governantes ou representantes do povo, cessarão de ser operários e colocar-se-ão a observar o mundo proletário de cima do Estado, não mais representarão o povo, mas a si mesmos e a suas pretensões a governá-lo".

A única maneira de acabar com a dominação política e de promover uma participação generalizada seria por meio de uma revolução social que, pondo fim ao capitalismo e abarcando transformações econômicas, como a socialização da propriedade, contaria, no campo político, com a abolição do Estado. Este organismo de minorias, criado e mantido historicamente pelas classes dominantes, deveria ser substituído por outra instituição, de maiorias e fruto da atuação dos próprios despossuídos: o movimento popular, que, em seu tempo, tomava corpo na Associação Internacional dos Trabalhadores (AIT). A eclosão da Comuna de Paris em 1871 pareceu-lhe confirmar esta tese, quando os oprimidos parisienses tomaram, eles próprios, seus destinos em suas próprias mãos e universalizaram a participação política e praticaram a delegação com mandatos imperativos.

Enquanto esta revolução não pudesse ser realizada, Bakunin recomendava que os trabalhadores, por meio dos movimentos populares, investissem nas lutas por conquistas de medidas imediatas, tendo por centro das preocupações as necessidades urgentes de trabalhadores da cidade e do campo, camponeses, marginalizados e pobres em geral. Essas lutas por reformas não somente melhorariam as condições das classes dominadas, mas seriam pedagógicas para um engajamento mais aprofundado e poderiam fortalecer o desejado processo revolucionário.

Para tanto, os movimentos populares deveriam ter independência dos partidos políticos e distanciar-se das estratégias eleitoralistas, defendidas então pela socialdemocracia, e de tomada do Estado por um golpe de força, sustentadas pelos blanquistas. O foco destes partidos seria, principalmente, uma aspiração à tomada do Estado, pela corrida eleitoral ou pela revolução violenta, que, segundo cria, só poderia substituir antigos poderes dominadores por novos. O único modelo de organização política capaz de contribuir com uma revolução social protagonizada pelas massas e que pudesse implantar o socialismo libertário seria federalista, amplamente democrática e constituída pela base, não concorreria às eleições e teria como foco o estímulo, em relação igualitária e complementar, dos movimentos populares para que estes pudessem, por si mesmos, encabeçar tal transformação.

Rocha e a análise da política brasileira

O livro que o leitor tem em mãos, escrito pelo politólogo Bruno Lima Rocha, reúne artigos que abordam a política brasileira entre 2005 e 2008. Sua maior virtude encontra-se no fato de realizar, desde uma perspectiva teórica libertária, análises precisas das questões que, ainda hoje, tem envolvido não somente os partidos, movimentos sociais e sindicatos brasileiros, mas, em alguma medida, toda a sociedade.

É evidente que o Estado modificou-se consideravelmente desde a segunda metade do século XIX, quando Bakunin elaborou sua teoria do Estado. No entanto, é possível notar, neste início de século XXI, a pertinência de variados aspectos desta teoria, que tiveram permanência histórica nos pensadores e movimentos libertários que se desenvolveram desde então. Parece-me que é este quadro de referência que, em alguma medida, norteia a produção de Rocha, e que permite que ele realize discussões que possuem, ao mesmo tempo, acuidade no exame dos fatos e engajamento político, no sentido de promover uma sociedade mais justa e igualitária.

Ainda assim, vale ressaltar que as análises do autor não expressam pregações de princípios ou de programas máximos; sequer se tratam de textos essencialmente políticos, no sentido normativo. Adentrando o terreno do real, da política brasileira cotidiana, ele sai da superficialidade que marca as discussões políticas no Brasil e coloca questões de fundo, extrapolando pressupostos dados por seus pares, muitos dos quais se caracterizam por uma mentalidade colonizada pautada pelo imperialismo cultural, buscando nas fórmulas dos centros hegemônicos do mundo as soluções para este rincão das Américas, tão cheio de marcantes diferenças.

Ao discutir tempo de mandato, reeleição, voto obrigatório, reforma política e tributária, temas que estavam e que permanecem na agenda política contemporânea, Rocha, mesmo se posicionando em relação às alternativas mais restritas colocadas pelos analistas, propõe um retorno aos fundamentos, retomando indagações sobre a própria natureza da política, a maneira que ela é feita e a quem ela de fato serve. Questões normativas de fundo indubitavelmente norteiam suas reflexões. Qual deve ser o objetivo da política e a quem ela deveria servir? Para tanto, como ela precisaria ser levada a cabo? Tais indagações permitem sair das soluções previamente dadas, que pressupõem o continuísmo, e refletir sobre mudanças e transformações de maior envergadura. "Sair do quadrado", como diriam alguns.

Afinal de contas, Rocha diagnostica algo que me parece correto: a crise da democracia brasileira, evidenciada pelas posições da própria população, precisa ser compreendida de maneira mais aprofundada. Esta democracia não somente está privada de conteúdo programático e de perspectivas de longo prazo. Os políticos mesmos não têm qualquer lastro concreto com a população e nem respondem a qualquer tipo de controle popular. Realizam, na maior parte dos casos, um gerenciamento de curto prazo, tático, sem preocupações estratégicas e as posições individuais constantemente substituem as coletivas. Nota-se como regra, e não exceção, que o maior interesse dos burocratas é permanecer no poder a qualquer custo e manter os privilégios historicamente adquiridos. Atuam em função de interesses privados, de seus partidos, da própria burocracia, e mesmo em função dos interesses de outras classes dominantes brasileiras e representar os interesses gerais não parece sequer permanecer entre suas preocupações. Neste contexto, a corrupção é apenas consequência da apropriação privada de algo que deveria ser público. Rocha observa atentamente que, mesmo com a renovação dos políticos, relativamente grande, que ocorre com as eleições, este processo não se modifica.

A política brasileira possui traços que confirmam alguns argumentos de Bakunin. Não há exemplos que contradigam suas afirmações de que, em geral, a burocracia atua para a manutenção do aparelho de Estado e para sua manutenção na posição de administradora do Estado. Uma vez na posição privilegiada de governantes, estes não atentam contra a existência do Estado e não querem mais perder seu lugar na estrutura de poder. O fato de os novos políticos se adaptarem às velhas formas estatistas confirma a capacidade estrutural que este instrumento tem de forjar as condutas pessoais, mesmo que, em alguns casos, contra a vontade dos indivíduos. A condição psicológica dos burocratas e, especialmente, a falta de controle, incentivam seu afastamento da defesa dos interesses gerais. A atuação dos governantes, ainda que marcada pela tensão entre a defesa dos interesses das classes dominantes do país e os próprios interesses da burocracia, não modifica o fato de que os interesses dos oprimidos encontram-se sempre fora de cena. Eles voltam à tona apenas nos casos em que a retórica é utilizada por candidatos em tempos de eleições; seus discursos, como bem aponta Rocha, não possuem qualquer conteúdo programático ou lastro material.

Constata-se, sem grandes dificuldades, que a democracia brasileira, como diz Rocha, esta democracia procedimental, de soma zero, serve somente às minorias dominantes e não proporciona as condições adequadas para atender os desprivilegiados e nem para garantir uma participação mais generalizada.

Para uma democracia que sirva às maiorias é necessário aumentar a participação popular por meio de instituições que não sejam aquelas historicamente vinculadas às elites nacionais e internacionais. Eleger novos políticos num sistema estruturalmente corrompido não parece uma solução. Aparentemente, este caminho passa pelo robustecimento dos movimentos populares e pela aposta em sua capacidade de pressão fora do Estado e, em alguns casos, contra o Estado. Se o Estado foi uma instituição criada pelas classes dominantes para garantir o seu poder, e se ele, apesar de mudanças consideráveis, continua funcionando neste sentido, é necessário encontrar outras instituições capazes de pautar os interesses dos oprimidos em seu próprio favor.

Aparecem aqui outros paralelos com a teoria bakuniniana, que preconiza serem os movimentos populares as instituições mais adequadas, não somente para a democratização da sociedade, mas para a própria substituição do Estado numa sociedade socialista. A defesa que Rocha realiza dos movimentos sociais e sindicatos parece tomar esta orientação, assim como a crítica que ele realiza dos limites dos conselhos. A concepção vigente, que distingue sociedade civil de Estado, mas não realiza uma análise crítica sobre o que é, realmente, esta sociedade, que sustenta a participação cidadã, mas não concede poder deliberativo aos conselhos ou mesmo restringe-lhes o orçamento, não aponta para uma democratização real, de base distributiva e social.

Nossa sociedade, como bem constatou Bakunin, é uma sociedade de classes, com a presença de privilegiados e despossuídos, ricos e pobres, poderosos e pessoas sem qualquer poder de decisão. A presença da "sociedade civil" nos conselhos não impede que, em contrapeso ao Estado, estejam empresários, gestores, universitários e outros sujeitos que não representam os setores mais desfavorecidos.

Entretanto, os movimentos populares não têm apresentado as devidas condições para empreender este processo de democratização, principalmente por estarem burocratizados. O processo de integração do Partido dos Trabalhadores (PT) ao aparelho de Estado, cujo ápice se deu na esteira da eleição de Lula, em 2002, evidencia como os movimentos classistas e combativos, organizados por local de trabalho e moradia, quando se atrelam ao Estado abdicam de seu poder transformador. Uma análise da institucionalização deste partido mostra que a burocratização explicada por Bakunin – quando membros de diferentes classes se integram ao Estado e passam a constituir uma classe a parte, a burocracia, cujos interesses passam progressivamente a se contrapõem aos dos despossuídos – continua a ocorrer.

O governo de conciliação de classes do PT, muito bem analisado por Rocha, parece resultar deste processo que, se por um lado retirou do partido sua capacidade de mudança expressiva – e os mais de 10 anos de governo federal deste partido são mais do que suficientes para comprovar que não houve alteração considerável da estrutura de poder brasileira –, privou também centrais sindicais e movimentos sociais desta perspectiva, especialmente em função de seu atrelamento ao partido.

Para que os movimentos possam cumprir esta tarefa de promover uma democratização real da sociedade brasileira, eles têm de, obrigatoriamente, desburocratizar-se e garantir sua independência em relação não somente aos capitalistas, mas também ao Estado, aos governos e os partidos políticos. Isso parece ser uma prioridade no momento atual.

Outro aspecto dos textos de Rocha que vale a pena destacar é que todos eles, em alguma medida, constituem exercícios concretos de utilização de um referencial teórico-metodológico para as análises sociais em geral, que se pode chamar "Teoria da Interdependência das Esferas", cuja tese de doutoramento do autor aperfeiçoou sobremaneira. Sua posição – de que o social é conformado por uma interdependência entre as esferas econômica, política/jurídica/militar e cultural/ideológica, sendo a política uma esfera de síntese – encontra respaldo nos fatos analisados e as explicações oferecidas parecem bastante plausíveis.

Rocha enxerga a ineficácia de uma prática política que não coloque em xeque os pressupostos econômicos capitalistas e reconhece, ao mesmo tempo, a influência exercida neste modelo econômico pelas políticas de Estado. Ele mostra como a imprensa e a cultura, de maneira geral, também são importantes nesta conformação do social e que não somente sofrem efeitos de uma estrutura material e produtiva, mas ajudam também a conformá-la. Seus textos permitem identificar que, no Brasil contemporâneo, algumas classes dominantes usufruem da estrutura de poder do país; não se trata, evidentemente, apenas de uma "burguesia nacional", em contradição com um proletariado urbano e fabril.

O que nos mostram os artigos – e nisso também parece haver certo acordo com Bakunin – é que proprietários de terras e de empresas, gestores, juízes, militares e políticos de primeiro escalão, donos da grande imprensa e outros privilegiados, apesar dos conflitos entre si, tem realizado acordos no sentido de manter a maioria dos brasileiros – estejam eles nas cidades ou nos campos do país, empregados formalmente, precariamente ou desempregados, tenham eles algum recurso ou nenhum – submetida a uma dominação diária que implica diferentes formas de violência cotidiana.

Discutir a democratização no Brasil de hoje é tarefa de primeira ordem. Os textos de Rocha, que trazem à tona as entranhas das formas de dominação político-burocráticas contemporâneas, assim como os jogos de força e poder que têm caracterizado a política nacional, certamente contribuem com isso. Colaboram, também, para que reflitamos sobre o modelo de sociedade que queremos para o futuro. Se continuaremos a defender uma democracia muitíssimo restrita e estruturalmente em crise, apoiada em modelos econômicos e culturais/ideológicos completamente antidemocráticos, ou se investiremos numa democratização generalizada, que extrapole a política e atinja outras esferas da sociedade.

Para tanto, cumpre ressaltar outra contribuição de Bakunin, em completo acordo com os grandes teóricos da guerra. Na política, são os objetivos que devem condicionar as estratégias, e estas as táticas. Portanto, é imprescindível a escolha de meios compatíveis com os fins que se deseja atingir. As ações, organizações e instituições empregadas no processo de democratização precisam ser, elas mesmas, democráticas, e propiciar a construção do futuro no presente. Se as esferas são realmente interdependentes como sustenta

Rocha, uma democratização coerente na esfera política deve ser acompanhada de igualdade e justiça social no conjunto das esferas. Nisso, a garantia de informação qualificada a todos é não somente desejável, mas imprescindível.

É urgente retomar velhas questões e propor novas saídas. Que modelo de poder é o mais adequado? Quais são as formas de democracias mais apropriadas, desde uma perspectiva classista e participativa? Como ela pode ser levada a cabo? Tais parecem ser as grandes questões que o presente livro auxilia a responder.

São Paulo, 2014.

CRÍTICA DA DEMOCRACIA LIBERAL E DOS RITUAIS DO PODER

1.

As "fórmulas" democráticas

20 dez. 2005

Conceitos-chave: O texto aborda a falsa dicotomia entre forma e conteúdo, e critica a ideia salvacionista de que é possível dar dimensão substantiva a um regime democrático apenas apostando nas fórmulas. Também observa que sem fórmulas previsíveis, toda mudança será vista como casuística, ou seja, alteração das regras para atender interesses particulares, de um setor ou fração de classe dominante. O exemplo da disputa política boliviana é a tensão entre federalismo oligárquico e centralismo de ocasião.

Um dos males que afligem a vida política brasileira é o chamado casuísmo. No momento, o debate a respeito do tempo de mandato presidencial, se de quatro ou cinco anos, com ou sem reeleição, volta à tona. A franqueza da análise nos obriga a afirmar algo que desagradará a muitos.

As motivações geradoras deste debate hoje são tão ou mais casuísticas, do que àquelas impulsionadas por Fernando Henrique Cardoso (e seu então ministro das Comunicações, Sérgio Motta, o "Serjão").

Como é sabido por todos, Serjão foi atrás dos votos necessários para a emenda constitucional que permitiria a reeleição (aprovada em junho de 1997). E foi com vontade, "por todos os meios necessários". Não vamos entrar aqui no mérito das denúncias nem tampouco nas investigações posteriores. Matérias de tipo denúncia são interessantíssimas, mas não cabem no modelo analítico proposto. O foco da discussão são as fórmulas políticas e a crença de muitos nestas, como tábua de salvação para a democracia brasileira.

Embora o público externo não o perceba, muito em função do círculo viciado e vicioso que é a vida acadêmica brasileira, o debate em torno de formas, fórmulas e conteúdo democrático é vital na ciência política brasileira e latino-americana. O fosso termina por gerar enfoques muito distantes entre institucionalistas e culturalistas.

Embora estejamos mais próximos do segundo grupo, vemos esta disputa muitas vezes como cega e esterilizadora do debate. Sempre cabe perguntar:

— Afinal, procedimentos políticos servem para que?!

Se trouxermos o debate para o campo das artes, da comunicação e da estética, veremos que há uma falsa contradição entre forma e conteúdo. Se diferente fosse, certamente as cidades, as estruturas arquitetônicas, o design e também as fórmulas de funcionamento político-social dos antigos países stalinistas seriam lugares e sociedades agradáveis para se viver. E, como todos sabemos, seja por relato direto de ex-exilados ou através dos próprios olhos, estas sociedades não eram nada convidativas.

O mesmo vale para os partidos políticos, sejam estes eleitorais ou mais radicalizados. Vejamos um exemplo genérico já comum e corrente nas esquerdas mais extremas da América Latina. Por melhor intenção que tenha uma organização, ausente da estrutura interna adequada para os objetivos propostos por ela, o mau funcionamento só gerará mais projetos falidos e diversas frustrações.

Mas, uma vez contando com elementos fundamentais, a trajetória "presumidamente" fracassada pode alterar mais uma tragédia anunciada. Contando com ao menos parte das demandas político-técnicas, contatos reais com as necessidades populares, capacidade de autocrítica e reformulação interna e um número mínimo de quadros médios, a mesma organização quase falida pode se recompor e render frutos conforme seus objetivos estratégicos.

Entramos no debate político através deste exemplo justo por acreditar que há regras universais na política. Na ausência de propósitos comuns, pactos substantivos e objetivos gerais que alcancem o conjunto da população, não há instituição democrática que aguente.

Ou esta termina por resignar-se em ser apenas um procedimento, como um pastel de vento sem recheio e com sabor amargo, onde as decisões fundamentais não entram no jogo e não contam no cálculo dos agentes coletivos. Ou então, quando o conjunto do povo não se vê contemplado através da vontade e urgências de suas maiorias, não haverá urna que sustente um projeto de nação inacabada indo à falência múltipla de seus órgãos vitais.

O recente exemplo boliviano nos materializa a hipótese. Caso o governo de Evo Morales e Álvaro García Linera[1] não comece a executar seu programa de nacionalização em 90 dias, um conjunto de entidades populares como a COB (Central Obrera Boliviana, maior central sindical do país), COR El Alto (Coordenação Regional de El Alto, cidade metropolitana que fica acima de La Paz, capital), Federação Camponesa, Coordenação em defesa do Gás, Tinku, entre outras, irá emparedar o governo eleito por eles mesmos.

O mesmo vale para a elite de Santa Cruz de la Sierra e sua proposta de autonomia política. Mesmo sendo uma questão central, um problema de fundo presente na realidade boliviana desde sua formação, esta questão jamais passaria pela cabeça dos cambas (Nação Camba, movimento separatista do oriente boliviano, agindo nos departamentos de Pando, Beni, Santa e partes de Chuiquisaca e Tarija) em outras eras.

Apenas para exemplificar, tendo todos seus interesses atendidos, a oligarquia cruceña (famílias de empresários e controladoras do agronegócio) não chiava nem tampouco se sentia ameaçada durantes os dois governos de Hugo Banzer[2]. Muito pelo contrário, defendiam seu governo, assim como a fórmula fiscal unitária e centralizadora.

Formatos de organização política e arranjos institucionais importam sim, e muito. Mas, as regras e procedimentos são incapazes de por si próprias, alterarem a estrutura de uma sociedade. Este é o problema de fundo e que no Brasil pactamos por não discutir.

Com quatro ou cinco anos de mandato tendo ou não direito a reeleição, teremos as mesmas relações fisiológicas,

---

1. Respectivamente, presidente e vice-presidente da Bolívia de 2005 a 2019.

2. Presidente golpista de 1971 a 1978, e eleito na urna de 1997 a 2001.

clientelísticas e corruptas emanadas da classe política brasileira. Esta sociedade estruturalmente injusta continuará vivendo a contradição de ter o mundo legal para uns e o real para a maioria. E, dentro do mundo legal, ainda seguirá tendo duas abordagens distintas. Para os detentores de parcelas do poder, todos os benefícios e alternativas do direito. Já para as maiorias, os rigores da lei quando o Estado chega e alcança a punir.

Não precisamos de teorias loucas para constatarmos o óbvio. Não por acaso, quanto mais sofisticado costuma ser um discurso, mais longe da obviedade está ele. E, no óbvio e no real, é onde vivem os brasileiros de carne e osso. Para quem pensa que estamos exagerando, basta observar o perfil da população carcerária do Brasil. Quanto à forma de proceder da classe política, a simples leitura deste livro-texto (de intenções didáticas) já alcança para demonstrar nosso ponto de vista.

Mas, uma vez que sou contra as análises tão consistentes quanto uma gelatina, penso que devo emitir uma opinião. Quanto ao tempo de mandato, concordo com os cinco anos. No período atual, o primeiro ano é quando se gasta o capital político e tenta-se dominar a máquina estatal. Nos dois anos intermediários, é quando se dá o governo de fato, em geral com uma oposição em pé de guerra e o Congresso sedento por emendas. Já no último ano, gasta-se toda a verba líquida acumulada fruto de arrocho fiscal para aplicar em obras e programas eleitoreiras. Obviamente, enquanto lança os gastos públicos em cerimoniais, o presidente, governador e prefeito faz campanha com nosso dinheiro.

A reeleição gerou eras ruins, péssimas e tenebrosas em toda a América Latina. Para que nenhum leitor imagine (à época do original) que com este artigo estamos fazendo campanha de forma indireta, não citaremos nomes. Acreditem, não é este o propósito deste artigo.

Defendemos o mandato único para apostar, e é uma "aposta" apenas, na maior organicidade dos partidos políticos. Preferimos ver siglas disputando ou combatendo contra siglas e não nomes contra nomes. O modelo democrático que defendemos é protagonizado por agentes coletivos. Portanto, somos contrários ao modelo atual, onde prevalece uma democracia de ritos e de cujo caldeirão de bruxarias brota atores individuais.

2.

Crítica da democracia de soma zero

27 dez. 2005

Conceitos-chave: O debate aqui desenvolve a então baixa apreciação dos regimes democráticos sem distribuição de renda, na chamada democracia de soma zero, onde o jogo político não implica distribuição de recursos e melhorias de condições materiais de vida. O conflito entre o direito político universal e a ordem social injusta é presente desde a concepção de regimes políticos da cultura ateniense, contidos (por exemplo) na obra de Aristóteles. No final o texto contesta a analogia de superestrutura e infraestrutura propondo um desenho analítico de interdependência estrutural, onde fatores da ordem cultural-ideológica, político-jurídicos e econômico-produtivos se complementam, ou não estão em paridade gerando lacunas no regime democrático.

O ano de 2005 se encerra como o ápice da institucionalidade democrática neste país. Ao completarmos 20 anos de transição do colégio eleitoral que elegera Tancredo Neves e terminara por empossar a José Sarney, passando por momentos de crises como o impedimento de Collor, a emenda da reeleição de FHC (em junho de 1997) e a posse de Luiz Inácio Lula da Silva, a democracia brasileira mostrou-se consolidada. Ao menos, esta forma de democracia liberal em país de capitalismo periférico. Neste artigo, aproveitando a semana embalada pelo ritmo da convocatória especial do Congresso, usaremos este precioso tempo para uma reflexão mais aprofundada. Pedimos assim, um mínimo de isenção e espírito sereno para esta leitura.

De certa forma, o primeiro-texto desse livro chamava para o debate os leitores interessados em formas e formatos democráticos. Continuamos pois, no tema sem vincular-nos com o problema da reeleição. O pano de fundo deste texto é uma chamada para refletirmos quanto a real capacidade de representação que o modelo e o modus operandi da política em nosso país e continente nos habilita a viver.

O primeiro passo para entrarmos no tema não é um regresso aos clássicos da democracia grega, em especial a ateniense. Nem tampouco buscar em Aristóteles a negação desta forma de democracia que vivemos, segundo ele próprio, nada mais que uma oligarquia. Mas sim, buscar respostas para uma intrigante e presente dúvida que assola aos latino-americanos. Em pesquisa feita pelo Latinobarômetro, datada de 1995, a maioria dos cidadãos da América Latina dizia não ter preferência por qualquer regime político, se liberal-democrático ou ditadura cívica ou militar. Sempre ressalvando o fato de que este regime proporcionasse um melhor padrão de vida. Dez anos depois, e os indicativos são os mesmos. E por quê?

Um argumento elitista, mais um entre vários, diria que "os povos são burros, ignorantes e não valorizam as instituições que temos". Outro, poderia simplesmente afirmar que qualquer democracia é melhor do que qualquer regime de exceção, e disto estamos todos de acordo. Mas, aponto outra interpretação para estes dados tão alarmantes.

O que as maiorias dizem o tempo todo é o fato de não aceitarem mais a ideia de um jogo de soma zero. Ou seja, não aceitarem as regras do jogo democrático onde só existem benefícios e vantagens para as minorias associadas às estruturas de poder transnacionais. Com maior ou menor volume, sejam os esquálidos venezuelanos, a pátria financeira Argentina, a oligarquia uruguaia, a elite criminal-militar paraguaia, os *cambas* bolivianos (conceito explicado no primeiro-texto), os *crudos* peruanos (denominação pejorativa da elite socialmente branca no Peru), os cartéis colombianos, os capitais costeiros e da serra equatoriana, incluindo-se aí as dezenas de oligarquias e consórcios econômico-políticos do Brasil e do México, a maior parte dos habitantes da América Latina já não suporta mais esta forma de viver.

Qualquer pessoa com um mínimo de boa vontade não pode concordar com o fato de somente a Argentina produzir alimentos para mais de 300 milhões de habitantes e este mesmo país tem mais de 50% dos seus 33 milhões de compatriotas passando fome. Não há como fazer jogo de soma zero lúcido quando se sabe que a capacidade produtiva e desenvolvimento de nossos países não está nem a 1/5 de sua potência máxima. O jogo de soma zero tão elogiado pelos "especialistas" como fator essencial para a "estabilidade" de regimes de alternância de poder significa em si mesmo, a ausência de alternância real de poder. Quando isto ocorre, e por vezes termina por ocorrer como na Venezuela pós-Caracazo[3], a única saída é o *lock out*, manobra patronal que interrompe os serviços prestados pelas empresas para atingir a um determinado fim, e os intentos de golpe de Estado.

O jogo de soma zero, em outras épocas não tão distantes, tinha o nome de dominação estrutural. Infelizmente, a essa teoria de infraestrutura completava-se uma ideia de superestrutura, posição esta onde justamente se encontrava o jogo democrático de alternância de poder limitado através da competição pelo voto. Optamos por outro padrão de análise teórico, onde os níveis estruturais são interdependentes, atuando com peso complementar tanto o político, como o ideológico e o econômico. Traduzindo para o cotidiano, esta representação da realidade implica na constatação óbvia que não há capacidade de decisão igual sem formações sociais sólidas, distribuição de riquezas elementares, geração de bens simbólicos compartilhados e de relações produtoras de ideologias mais solidárias. Ou seja, não há democracia viável com mais de 50% de uma população sendo pobre ou miserável e cuja economia formal não corresponde nem a 30% da força de trabalho. Menos ainda quando neste mesmo país os bancos batem recorde atrás de recorde de lucratividade e onde 80% da mídia pertencem a não mais que 11 famílias. Sim, estamos falando no Brasil.

Haveria de se perguntar por que uma geração de militantes, quando incorporados às regras do jogo democrático-liberal, sempre acaba por gerar outras novas elites políticas?! Especificamente, como e porque a geração de ativistas saída das lutas de massa do período da Abertura

---

3. O Caracazo foi um levante popular na capital venezuelana, Caracas, de 27 de fevereiro a 8 de março de 1989, após a decretação de um plano de ajuste econômico alinhado ao FMI; o resultado foi uma repressão intensa, com quase 300 mortos e mais de 3000 desaparecidos.

torna-se um recurso mais do próprio sistema e perde quase toda capacidade contestatória?! Várias respostas operam para esta dúvida, mas três compreensões são essenciais.

A primeira é verificar que os hábitos e costumes dos quadros médios e altos deste partido de "esquerda", pouco ou nada diferem dos profissionais liberais recrutados ou recrutáveis pelas elites econômicas contra as quais eles diziam combater. Segundo, a adoção de práticas políticas parecidas sob o argumento do realismo político (chamado também de *real politik*). Neste aspecto também opera a ausência de objetivo estratégico. Quando tudo é tática, a política não passa de formas diversificadas de oportunismo. Terceiro, a visão de estrutura. Há luta de poder nesta democracia, luta ferrenha por parcelas e fragmentos de poder sem necessariamente haver a luta por mudanças estruturais. A "esquerda" tolerada é aquela que aceita disputar partes de um poder que não controla. A esquerda intolerável aponta para outra forma de geração de poder e de controle social.

Quando as pesquisas de opinião apontam um número cada vez maior de latino-americanos, brasileiros incluídos, que cada vez mais desconfiam ou são indiferentes do jogo democrático, é preciso atenção. O descrédito é sobre a "democracia" onde as peças se movem sobre um tabuleiro de soma zero, onde em tudo pode se tocar menos naquilo que é estrutural para o próprio jogo. Incluem-se nestes itens intocáveis a dívida e o modelo econômico integrado e subserviente. Sobre este modelo operam partidos de intermediação, instituições estas em crises cada vez maiores de legitimidade e interação com outras forças sociais.

É esta a "democracia" de soma zero que está em crise. A outra forma, onde os recursos são muito maiores embora não infinitos; onde o mandato representativo não é um cheque em branco; isto dentre outras mudanças estruturais, ainda está por vir. Esta DEMOCRACIA, por milhões defendida em todo o continente, sequer foi experimentada.

3.

Participação política e voto opcional (1)

03 jan. 2006

Conceitos-chave: Abordamos os conceitos clássicos da disputa eleitoral, como financiamento de campanha, mobilização do eleitorado; consequências de políticas antidemocráticas apoiadas nas urnas; o tema das candidaturas individuais e auto financiadas; e a dimensão dos instrumentos plebiscitários da democracia substantiva. O tema de fundo é o debate sobre o voto obrigatório ou o voto opcional.

Entramos em 2006 e como acontece a cada dois anos em território brasileiro, este é um ano eleitoral. Conforme já dissemos nos textos anteriores, aproveitamos este período para uma reflexão de mais fôlego. Dando sequência aos dois primeiros textos desse livro, seguimos no tema da democracia aplicada nesta parte do mundo chamada América Latina.

Um tema comum de engenharia política de forma comparada é tomar como exemplo demonstrativo as fórmulas democráticas nos países vizinhos com regimes de competição e alternância de poder. Dentro desta área, um dos fatores relevantes neste campo de estudo, é o fato das eleições serem ou não obrigatórias.

Apenas para exemplificar, em 2005 a direita venezuelana utilizou como argumento para deslegitimar o regime constitucional de Hugo Chávez[4] o fato das últimas eleições proporcionais (eleições parlamentares de dezembro de 2005) terem uma abstenção de 75% do eleitorado.

É preciso ressaltar o fato de que naquele país ninguém é obrigado a ir votar e o governo bolivariano conta com maioria absoluta em ambas as câmaras federais, além de ter uma Suprema Corte leal. Se somarmos a isto o fato dos partidos tradicionais das oligarquias daquele país terem se retirado da disputa, está dada a resposta. Uma vez que não havia nada em jogo, não restara incentivo algum para o eleitor mediano ir até uma urna.

Eleições não obrigatórias são uma faca com fio bem cortante. Num país como o Brasil, quanto menos estímulos para alguém votar, mais fortes serão as "prebendas". Ou seja, mais fortes serão as práticas clientelísticas. Havendo a

4. Presidente da Venezuela eleito em 1998 e reeleito sucessivamente até seu falecimento, em março de 2013.

obrigatoriedade do voto, os partidos têm a certeza de uma margem mínima de afluência votante.

Um eleitorado que seja coagido a votar, como o brasileiro, dificilmente ultrapassará os 20% de abstenção.[5] Por mais brandas que sejam as multas e punições aos eleitores ausentes, estas por si só já são um conjunto de estímulos para um eleitor médio gastar algumas horas de um dia de feriado para cumprir com seu dever cívico.

O mesmo ocorre com a propaganda eleitoral na televisão. Bem sabemos serem estas peças publicitárias superfaturadas, parcialmente financiadas com dinheiro público (com recursos do fundo partidário e fundo eleitoral), a lei que proíbe financiamento empresarial em campanha (o acórdão do STF que proibia doação de pessoas jurídicas para candidaturas data de março de 2016), também podendo vir a servir de evasão e lavagem de divisas. Mas, comparando os custos, são mais baratas do que peças de propaganda privadas com horários de televisão pagos diretamente pelos próprios fundos das campanhas.

Tomando os EUA como exemplo, o custo das campanhas é um dos fatores que impedem a demais partidos que não Democratas e Republicanos a disputarem eleições, sejam estas majoritárias ou proporcionais. Este custo tão elevado e sem subvenção oficial possibilita a retomada do mito do *self made man*, pois seguidas vezes multibilionários apresentam-se como candidatos "independentes".

É interessante como este fenômeno que tanto apavora as oligarquias tradicionais, a de uma democracia plebiscitária, seja bem visto por estes mesmos setores ultraconservadores quando o candidato é um dos seus. Em geral, quando estes magnatas se apresentam, são "*free riders*" do Partido

5. Os números da abstenção aumentaram progressivamente desde então...

Republicano, empurrando candidatos como Bush Jr. e Bush pai[6] para posturas reais bem mais à direita daquelas que ao menos poderiam declarar-se publicamente. Se isto ocorre nos Estados Unidos, com poderes constituídos e instituições consolidadas, imaginemos o estrago feito por estes mesmos "super" candidatos em democracias instáveis como as nossas.

Todos nós sabemos que não há investimento sem expectativa de retorno. Tampouco existe aplicação de capital em projetos políticos estruturalmente contrários às ambições dos doadores. No mundo real não há separação entre o ideológico, o político e o econômico. Nenhuma grande corporação é apenas um animal econômico. Nenhum político profissional move-se apenas atrás de parcelas de poder e expressões ideológicas.

Apenas para materializar o exemplo, alguém em sã consciência imagina uma transnacional investindo pesado na campanha de um candidato cuja plataforma de governo seja baseada na nacionalização imediata dos recursos naturais e dos serviços públicos? Que chances teria este candidato sem os recursos públicos de campanha?

Realisticamente, ou este candidato tem uma base popular forte e organizada que o respalde ou não terá chance alguma. Mas, por outro lado, caso tenha uma base tão forte, não precisará dos recursos públicos para fazer política. Para uma campanha eleitoral vitoriosa, sim será necessário. Já para fazer política ao nível popular, não. E aí é que o modelo de representação apresenta suas maiores debilidades.

O jogo democrático implica rotinas e procedimentos competitivos em vias de consolidação e com capacidade real de resolução. Na América Latina temos os procedimentos consolidando-se há 20 anos, mas não temos chances reais de

6. Presidentes dos EUA respectivamente em 2001-2009 e 1989-1993.

decidir o que há de estrutural em nossas sociedades. Canalizar as demandas estruturais para as urnas é algo que o sistema de competição eleitoral não prevê e menos ainda suporta.

Suponhamos que o recente referendo sobre a comercialização de amas de fogo e munições (a respeito do artigo 35 do Estatuto do Desarmamento, que ocorreu em 23/10/2005) não contasse com o voto obrigatório. Qual seria o porcentual de abstenção? Cifras precisas são impossíveis de afirmar, mas que seriam altíssimas disto não há dúvida.

A legislação eleitoral brasileira não prevê o mecanismo dos plebiscitos, ao contrário do Uruguai por exemplo. Aqui existem apenas os referendos e as leis de iniciativa popular. Tivéssemos plebiscitos sobre temas reais e as campanhas ganhariam contornos ideológicos, seriam mais politizadas e contariam com outro nível de engajamento.

Bem ao contrário da próxima campanha majoritária[7] onde um mesmo arranjo macroeconômico servirá como pano de fundo comum. Pré-definidos os temas estruturais e as máquinas político-partidárias taticamente aliadas a consórcios econômico-políticos poderão "tranquilamente" dedicar-se a telenovelas de espionagem política com enredos personalizados. E o melhor, este produto tem garantia de popularidade, uma vez que a lei obriga os brasileiros a irem votar.

Com a obrigatoriedade do voto, o protesto nas urnas tem algumas variáveis. Uma destas possibilidades é a anticandidatura, como a do antigo MDB contra as eleições indiretas e manipuladas do regime militar. Também é bom lembrar o Macaco Tião, chimpanzé residente no zoológico do Rio e que teria obtido o terceiro lugar nas eleições municipais no Rio de Janeiro em 1988.

---

7. Eleições presidenciais de outubro de 2006, com a vitória (reeleição) de Luiz Inácio Lula da Silva (PT) sobre Geraldo Alckmin (PSDB) em segundo turno.

A anticandidatura pode manifestar-se como um anticandidato, como foi o caso de Enéas Carneiro em 1994 e 1998, concorrendo pelo extinto PRONA. Tivesse este médico cardiologista levado a si mesmo um pouco mais a sério, montando uma infraestrutura partidária capaz de recepcionar os milhões de votos obtidos e teríamos hoje no Brasil um grande problema político (pelo perfil autoritário e de extrema-direita do candidato).

Basta imaginar os efeitos de uma versão renovada da Ação Integralista Brasileira para antevermos os problemas que o Dr. Enéas e sua equipe optaram por não gerar. Lembramos que em todos os casos citados, ainda que dando vazão para o sentimento popular, haviam partidos e organizações políticas trabalhando, e muito, para remar a favor da maré.

Alternativas de protesto mais comuns são o voto nulo e voto em branco. Destas falaremos nos próximos textos, assim como os custos que implicariam o voto opcional.

Ressaltamos que este texto embora crítico, assim como o analista que o escreve, também se posiciona. Como modelo democrático defendemos um sistema mais participativo e onde a população tenha poderes reais de deliberação. Ou seja, somos a favor de mandatos imperativos e um sistema com mecanismos plebiscitários. Isto implica uma forma de representação que não delegue poderes e imunidades sem limites nem cobranças além das urnas.

Mesmo tendo em conta os altos custos de mobilização, sabemos que esta forma democrática não se realiza a força. Por isso compreende-se o voto opcional como menos incoerente.

4.

Participação política e voto opcional (2)

10 jan. 2006

Conceitos-chave: Aprofunda-se a contraposição de voto obrigatório X voto opcional; a projeção de cenários possíveis com a soma dos custos políticos (eleitorais, de campanha, de mobilização do eleitorado) e conclui-se com o tema da legitimidade política. A legitimação de um processo político passa, necessariamente, pelas regras de engajamento e o volume de afluentes, daí o problema da abstenção eleitoral X proporção de eleitorado que compareceu ao pleito.

O texto acima (o terceiro deste livro), o primeiro da trilogia abordando o tema, chamou a atenção para as possibilidades de protesto dentro das regras do voto obrigatório. Marcamos nossa relativa preferência pelo voto opcional e apontamos possibilidades e comparações entre alguns mecanismos.

Abordamos então o voto de protesto, tanto através de anticandidatos reais ou personagens de fábula. Lembramos também os riscos apresentados pelo voto opcional no que diz respeito às campanhas eleitorais. Apesar de nos posicionarmos a favor do voto voluntário, não ficamos indiferentes quanto às dificuldades imediatamente apresentadas após uma hipotética aprovação.

Dando continuidade a temática, observamos um problema de fundo, tanto para a participação política como um todo, como especificamente para a implementação da não obrigatoriedade do voto. Esta dificuldade traduz-se num conceito operacional e chama-se custo de mobilização. No caso específico do voto nulo e branco, ambas as posições necessitam tanto de campanha e difusão como qualquer candidato a cargo eletivo. E para todas as posições, é necessário disponibilizar recursos mínimos para difundir uma ideia, produto, mensagem ou mesmo uma nova estética. A resultante desta difusão é o voto na urna eletrônica.

Embora seja particularmente contra o uso de modelos matemáticos para representar e diagnosticar disputas de poder, aqui abrimos uma exceção. Somos contra porque na imensa maioria das situações humanas o imponderável gera mais variáveis do que aquelas modeláveis. Também nos posicionamos de forma contrária porque entendemos não ser a política uma "ciência" precisa. Ainda assim, gostaríamos de apresentar aqui alguns modelos pouco complexos, mas com razoável capacidade explicativa.

Uma equação simples, em um país com regime democrático como o nosso é:

Máquina político-partidária → comunicação política ($) + eleitores = voto

Neste caso acima, na atual forma de fazer política eleitoral no Brasil, parte dos custos de campanha é subsidiada, por exemplo, pelo fundo partidário e no horário eleitoral gratuito. Os eleitores são coagidos a irem votar, e mesmo as penas não sendo pesadas, em geral a relação custo-benefício influencia o comparecimento.

Ainda assim a abstenção oscila em torno de 20% (nas eleições da primeira década do século XXI). Por comunicação política entendemos a campanha como um todo, incluindo aí o uso de cabos eleitorais pagos, propaganda de rua, showmícios e outras práticas toleradas. Neste formato de campanha entram os votos de protesto, nulos e brancos, sob a forma de eleições obrigatórias.

Se o voto fosse opcional, a equação ganharia custos:

Máquina político-partidária → comunicação política ($$) + eleitores ($) = voto

O duplo cifrão na comunicação política representa o fato de os custos dobrarem em uma campanha com voto opcional. Mesmo mantendo-se o horário de televisão, o eleitorado perderá parte da pouca atenção que já emprega na atualidade. O cifrão ao lado dos eleitores implica no custo de mobilização. Apenas para comparar o óbvio, nas periferias da Grande Porto Alegre, o preço do aluguel de muros para propaganda visual no mínimo dobraria. Acredito que este preço se veria inflacionado também nas demais áreas periféricas das metrópoles brasileiras.

Além destas campanhas financiadas com caixa declarado e oculto (caixa 2), estamos assumindo como variável concreta o provável aumento das práticas conhecidas como cabresto eleitoral. Ou seja, o fato de que várias candidaturas colocariam à disposição de suas bases transporte gratuito, dentre outros incentivos (mesmo sabendo que transporte de eleitores caracteriza crime eleitoral).

Antes que algum leitor com postura mais próxima do tipo-ideal comece a contestar, convido-o a seguinte comparação. Se com o voto obrigatório já ocorrem diversos casos de "incentivos" como brindes, cestas básicas, lanches e promessas informais de emprego, o que não aconteceria caso os eleitores tivessem a opção de ficar em casa e não votar?

Nos tempos do voto proibido para eleitores analfabetos, tais práticas eram ainda mais comuns. Abriam-se escolas rurais e noturnas para adultos. Nestas, muitas vezes patrocinada por algum político e/ou coronel da região, estudavam as camadas mais humildes da população da área. Não raro a literatura demonstrara a "bondade" de donzelas vinculadas à família do coronel que exerciam seus dotes de professoras e iniciavam os iletrados na língua de Érico Veríssimo e Mário Quintana.

Também com bastante frequência o primeiro resultado da escola para adultos é assinar o próprio nome. Esta conquista, verdadeira realização para pessoas que sobreviveram através de suas mãos toda uma vida, transforma-se em atentado contra a cidadania. Isto porque, quando o voto era proibido para os não letrados, bastava assinar o próprio nome para provar ser alfabetizado. Muitas "escolas" do gênero abriam em ano eleitoral e fechavam logo após o pleito.

Na atualidade, reconhecemos haver diminuído o índice de compra de votos, ao menos as compras diretas com dinheiro. Mas, de um modo mais realista a equação apresenta-se assim:

Máquina político-partidária → comunicação política ($$) + eleitores ($$) = voto

O segundo cifrão representa uma real probabilidade no aumento da compra de votos, assim como a inflação deste produto. Os custos de uma campanha político-eleitoral com voto voluntário, através deste modelo simplificado acima, certamente dobrariam. Para compensar as prebendas, seria necessário aumentar a qualidade do fazer político no Brasil.

Este mesmo aumento de custos para as máquinas político-partidárias, também representa a valorização do voto individual, assim como o aumento do poder de barganha e mobilização. Muito mais efetivo do que o protesto através de votos nulos e brancos é o fantasma do abstencionismo. Eleições onde não há presença do eleitorado carecem de legitimidade.

Apenas para lembrar, as eleições colombianas de 1980, com voto opcional, atingiram a marca de 13% do eleitorado. É justo neste momento que a terra de Gabriel Garcia Marquez observava a transformação dos capos dos cartéis em atores políticos individuais. Dentre eles estava Pablo Emilio Escobar Gaviria[8].

Mesmo com toda a habilidade da classe política brasileira em sobreviver em ambos os lados da lei, a maioria destes operadores políticos está longe de ser um mafioso assumido como Don Pablo. Mas, encerramos este artigo com um convite aos e as leitoras.

Vamos apenas supor que no ano de 2005, ocorressem eleições exclusivamente legislativas. E com a regra do jogo outra vez alterada, este pleito contasse com voto opcional. Será que, nestas condições, bateríamos o índice de 75% de

8. Elemento popular do chamado Cartel de Medellín, foi eleito suplente de senador em 1980, pela legenda da Alternativa Liberal.

abstenção ocorrido nas eleições venezuelanas de dezembro do mesmo ano? E, mesmo não atingindo este índice, passaríamos dos 50% de eleitores votantes? Por fim, com este quórum, seriam estas eleições legítimas de fato?

A resposta destas perguntas não está na simulação feita por analistas, tal como a narrada acima. A verdade sempre se encontra na prática política. Neste caso, com o aumento da carga ideológica e sem prêmios por resultantes eleitorais.

5.

Participação política e voto opcional (3)

17 jan. 2006

Conceitos-chave: O tema mais relevante é a *accountability*, termo em inglês para as capacidades de controle da cidadania – intermediada por instituições – sobre a representação; recuperando as bases do liberalismo conservador e oligárquico, observa-se o conceito de mandato imperativo, onde a equidade de direitos e renda possibilitava um maior controle do eleitorado sobre os, à época, eleitos. Completa o texto com proposições de aumento do controle social e coletivo sobre os mandatos obtidos de forma legítima, ultrapassando o marco da democracia de delegação incontrolável.

No presente artigo (o quinto texto do livro), concluímos a trilogia onde fazemos um paralelo conceitual entre o aumento da participação política e a institucionalização do voto opcional. O debate apropriado carece de profundidade, portanto seria necessário ir a fundo com algumas ideias básicas. A agilidade necessária para este tipo de artigo nos impede de mergulhar no tema com a riqueza e conjunto de variáveis necessárias. Portanto, vamos nos ater em um aspecto da política e analisá-lo sob uma ótica de quem defende o voto opcional. Estamos falando dos tipos de representação política.

Escolhemos abordar a representação por ser esta uma forma de fazer política que está em crise no Brasil atual. Pela definição clássica, com a qual concordamos, o país vive sob um regime de democracia representativa (formalmente e de maneira completa, desde as eleições presidenciais diretas de 1989, sendo este regime parcialmente retomado nas eleições gerais e para governos estaduais de 1982). Ou seja, para o bem ou para o mal, há representação e disputa política dentro da normalidade. Não estamos aqui discutindo se a democracia brasileira é ou não estável, consolidada ou em vias de consolidação. Este é outro debate, e objetivamente é secundário para o ano eleitoral que vivemos (no caso, eleições gerais de 2006). O debate proposto é outro. Trata-se da qualidade da representação política e o tipo de controle do mandato.

No modelo de representação vigente no país, o voto é obrigatório para a maioria e opcional para os adolescentes e mais idosos. Temos como opção de escolha básica os mandatários do poder executivo nacional, além dos estados e municípios. O mesmo vale para os legisladores, sendo que o voto não é distrital. Nosso Congresso é bicameral enquanto as casas legislativas nos estados e municípios têm uma só câmara.

Escolhemos por voto apenas a estes atores e sempre através de partidos políticos de tipo burguês clássico. Ou seja, as máquinas político-partidárias, quando se posicionam mais à esquerda, funcionam como estruturas de intermediação. Quando estas são "tradicionais" ou de direita, funcionam mais como um consórcio de interesses do que uma plataforma político-programática.

Em outros modelos democráticos o volume da escolha é muito maior. Podem ser escolhidos procuradores, xerifes e até juízes. A experimentação brasileira nesse campo ainda é tímida. Um exemplo desta timidez é a então recentemente instituída escolha para o Conselho Tutelar, esfera de âmbito municipal. Tivemos a oportunidade de acompanhar este pleito em Porto Alegre e Região Metropolitana e o verificado foi um balão de ensaio para o pleito da vereança. Sempre é válido ampliar os canais e formas de disputa política. Mas, para que estas ganhem organicidade, é necessário um tempo largo além de regras simples e fixas. É justo o oposto da versão política para o tão prejudicial casuísmo.

É preciso reconhecer que nem tudo são críticas para a escassa experimentação brasileira. Se há pouca variedade no plano eleitoral, abundam conselhos de âmbito municipal, estadual e até nacional. Em geral são conselhos tripartites ou com múltiplos interesses. Boa parte deles tem algum grau de representação real. O problema é que para por aí. Os conselhos com poderes resolutivos de fato por vezes tem motivações próprias e funcionam como centro decisório paralelo. Ao invés de atenderem interesses populares, atendem motivações de além-mar. Sim, estamos falando de instâncias do tipo Conselho de Política Monetária (Copom), dentre outros.

Já os Conselhos de saúde, educação, transporte, meio ambiente, habitação, do trabalho, da mulher, dos menores, do negro e de outros setores sociais ou questões específicas, em geral, carecem de poder resolutivo. Estes fóruns até contam com certo grau de legitimação e presença de interesses reais. Mas a equação é sempre ao inverso. Quanto mais legítima é a instância, mais consultivo é o conselho. Aumenta o volume de discussão e debate, se abaixa a capacidade resolutiva real. Quem decide têm de ter à sua disposição certo número de recursos e estruturas de execução. Caso contrário, nada se realiza.

É como diz o ditado gaúcho: "De que me adianta eu querer trovar bonito, se as coisas que digo não sustento?".

Para aumentar o grau de legitimidade das instâncias de representação, é necessário participação e controle direto. O mecanismo dos plebiscitos já o comentamos algumas vezes. Um complemento deste é uma fórmula democrática que inclua o mandato imperativo. Neste caso, quando o representante não atende aos interesses de seus votantes; muda de partido ou de lado sem ser por lealdade programática; imediatamente perderia seu mandato.

Esta era, por exemplo, a fórmula inicial da democracia inglesa, minuciosamente explicada por John Locke. O problema é que tanto o voto como as candidaturas eram censitárias. Apenas os "homens de bem" podiam concorrer e votar nos pleitos. Para votar eram necessários alguns bens e para concorrer, mais bens ainda. Na democracia censitária inglesa, a fórmula política era sobreposta à estrutura de estratificação de classes. Com tal grau de nivelamento e paridade, era natural que os mandatos fossem imperativos.

Em uma sociedade complexa como a nossa, reconhecemos que o mandato imperativo clássico não é possível. Por outro lado, havia uma virtude na fórmula inglesa. Esta é a cobrança entre iguais sempre que estes atendam aos interesses de sua própria classe. E é sob este ponto de vista que defendemos algum tipo de controle, não apenas sobre os representantes, mas também sobre as legendas.

Algumas vontades já são de anseio popular. Já é comum e corrente vermos algumas categorias urrando de ódio quando um deputado eleito por esta base vota contra a plataforma que o elegeu. Um freio viável para isso seria o compromisso pré-eleitoral, firmando pontos-chave para sua campanha e o mandato. Caso este parlamentar vote e se posicione contra os interesses pré-acordados junto aos setores ou microrregiões que o elegeram, poderiam ser chamadas algumas instâncias de base, até que o mandato fosse definitivamente revogado. Uma vez fora, assumiria um suplente e assim sucessivamente. O mesmo vale para a troca de partido. Caso o político troque de legenda, perderia imediatamente o mandato.

Considerando que estamos no Brasil, algum controle sobre as legendas também é necessário. Seria aceitável a troca de partido em situações limite, quando a sigla vota contra sua plataforma e chama na disciplina a base parlamentar. Apenas neste caso seria tolerado o câmbio. Em outros mais "corriqueiros", o ator político teria de escolher entre o interesse individual e a vontade coletiva que o elegera.

Entendemos que estas formas somente se aplicam com o aumento da participação política e ingerência popular sobre o orçamento e as decisões fundamentais da nação. Uma consequência destes processos seria o formato do voto opcional. Mas, como no país temos por hábito construir a casa pelo telhado, a instituição do voto voluntário pode ser uma boa maneira de estimular a participação das pessoas e grupos de interesse.

Por mais experimental e temerário (reconhecendo ser a instabilidade inimiga da regra política), qualquer saída é melhor do que o formato vigente (delegações não controláveis e com baixíssima *accountability*). Há mais de 20 anos viemos elegendo pessoas sem ter o menor controle sobre seu mandato e menos ainda sobre os recursos a serem administrados. Neste modelo de democracia representativa o voto parlamentar termina sendo como um cheque em branco. Este é tão confiável como o cheque que um político aliado de ocasião costuma dizer que depois de assinar, iria entregar em mãos para um ex-adversário, também aliado circunstancial.

6.

Verticalização e coerência política

24 jan. 2006

Conceitos-chave: Aqui se debate o princípio da coerência política, sendo esta forçada através da possibilidade de verticalização de alianças. A fidelidade do eleitorado é fruto também do padrão de alianças e da capacidade do sistema político gerar identificações evidentes das linhas políticas, motivações ideológicas e o consequente comportamento político que seria derivado da posição na constelação político-partidária. Termina afirmando que as regras têm a capacidade da reprodutibilidade, incidindo no comportamento político mesmo quando sua instauração não tem essa motivação na origem.

Por mais incrível que pareça, mesmo em pleno ano eleitoral, ainda não estão definidas as regras do jogo para o pleito de outubro.[9] A regra, que a nosso ver nascera casuística no início de 2002, atravessou firme e forte os três anos de mandato de Luiz Inácio. No agitado verão de 2006, em meio à campanha oficiosa do presidente e a disputa na interna tucana, forças nada ocultas se movem para tentar derrubá-la.

A norma obriga a repetição das alianças estaduais aos moldes da chapa majoritária para presidente e vice. Para melhor exemplificar, basta fazer um exercício. Imaginemos que o governador de São Paulo, Geraldo Alckmin, concorra para presidente pelo PSDB e tenha o senador pelo Rio Grande do Norte, José Agripino Maia, como seu vice pelo PFL.[10] Tal fato obriga a que todas as chapas disputando os governos estaduais repitam a coligação. É possível, pela regra, que PSDB e PFL concorram separados nos estados, mas nunca coligados com outras legendas.

O mesmo vale para uma provável aliança PT e PSB. Nacionalmente, a aliança serve para o partido de Lula embora seja ainda mais importante para a legenda histórica de Arraes. A coligação com o PT para disputar o Planalto impediria a presença de outro neófito como Garotinho. Ou seja, serve para barrar voos autônomos de Ciro Gomes. Já para o Partido dos Trabalhadores, fraco no nordeste e na região norte[11], seria interessante pegar carona com seus

9. Eleições gerais de 2006, disputando cargos em todos os níveis, menos o municipal.

10. O Partido da Frente Liberal (PFL) trocou sua denominação para Democratas, adotando a sigla DEM, em março de 2007.

11. Observem como o peso político de cada partido ou coligação vai mudando ao longo do tempo; isso se dá em função da percepção do eleitorado durante e após os governos consolidarem seus mandatos.

aliados. A aliança forçada não serve muito para o PSB, com chances reais em vários estados onde o PT tem forte rejeição.

Neste plano, vemos o papel central do PMDB[12] no xadrez político nacional hoje. Esta legenda, onde coabitam dezenas de consórcios político-econômicos distintos, tem interesse direto em derrubar a regra da verticalização. Todos nós sabemos que o PMDB nacional nunca se entende e não conta com uma característica chamada disciplina partidária. Mas, por tudo que é sinalizado, ao menos nesta matéria os peemedebistas aparentam unidade.

Outra sigla que está se movendo para ver a regra ser derrubada é o PFL. Não lhes interessa em nada se verem obrigados a ir junto com o PSDB em disputas para os governos estaduais. Embora o PFL não tenha chances de ganhar sozinho a Presidência, nas eleições para os governos estaduais a história é diferente. Em muitos lugares são concorrentes de seus amigos tucanos, em boa parte dos casos por choques intraoligárquicos. Por estes e outros motivos, para os correligionários de Antônio Carlos Magalhães e Jorge Bornhausen todos os esforços vem sendo empregados para derrubar a regra.

Do outro lado, dois fortes partidos nacionais são favoráveis à manutenção da verticalização. Um deles é o partido do presidente, o PT, por sinal cada vez mais afastado do ex-metalúrgico. Note-se que Lula defende uma posição e sua executiva deseja outra coisa. O presidente sonha e trabalha por uma chapa com o PMDB como vice. Mas, sabe que é impossível contarem tanto com os peemedebistas como com o PSB se a aliança verticalizada permanecer. Já o PT, no intuito de aumentar o capital político no quesito

12. O partido voltou a usar a legenda MDB na convenção de dezembro de 2017.

coerência, assim como aplacar as disputas internas, opta pela vigência da medida.

Outro agente do campo político-partidário que é a favor da medida é o PSDB. Uma possibilidade para esta defesa é não ter de levar a pecha de casuístas. Os tucanos já têm de pagar a conta da emenda da reeleição, aprovada por eles para manter a FHC no Planalto e agora atacada por seus próprios autores. É certo que esta conta é leve, até porque o tempo de mandato presidencial não é um debate tão presente. Mas, a definição de alianças eleitorais é sempre pauta e objeto de discussão tanto de quem faz como de quem acompanha política no Brasil.

Vale lembrar que em 2002, por sinal também ano eleitoral, a regra surgiu através do peso do então ministro do Supremo Tribunal Federal (STF) e na época aliado dos tucanos, Nélson Jobim. Hoje, ela tanto pode ser mantida ou cair em debates e votações em distintas instâncias da república. Tanto o Congresso como o Tribunal Superior Eleitoral (TSE), tentarão defini-la. E, mesmo que a definição da regra ocorra antes do carnaval, ainda é possível que algum agente político insatisfeito recorra ao sempre presente Supremo. Assim como o casuísmo, a disputa entre poderes é algo comum na política brasileira. Nos acostumamos a vê-la ao longo de 2005 e o que vemos hoje é apenas a continuação do problema.

Para irmos além do ocasional, é preciso compreender se há ou não significado nas políticas de alianças nas eleições. Em tese, e apenas em tese, a verticalização é coerente. Como podem dois aliados no plano federal serem inimigos entre si e aliados de seus próprios inimigos nos estados? Embora a regra tenha surgido em situações de oportunismo pré-eleitoral, conceitualmente é dotada de lógica. Resta saber se as elites políticas brasileiras podem absorver comportamentos lógicos e coerentemente articulados? Sinceramente, pensamos que não.

Muitos argumentos que atacam a verticalização das alianças confirmam o óbvio. Por ser o Brasil um país continental, verdadeira América Brasileira, é impossível contarmos com partidos tão orgânicos como os de outros países, como os partidos chilenos por exemplo. Reconhecendo o óbvio como "natural", se naturaliza o casuísmo. Conforme expusemos em vários momentos, quando tudo é tática e não há estratégia, não há campo definido de aliados e de inimigos. Por esta premissa, todos os agentes políticos tenderiam a uma cooperação por interesses materiais imediatos. Dentre estes agentes, alguns atores individuais destacam-se como produtos políticos vendáveis e eis a política brasileira.

A descrição acima, embora real, de "natural" não tem nada. Aliás, se o fazer político fosse naturalizado na sociedade, já teríamos gerado no país um sistema político, econômico e social muito mais justo e democrático de se viver. Basta observar as experiências organizativas populares para nos darmos conta disso.

Voltando ao tema, embora a regra tenha sido baixada por uma canetada em 2002, vemos como interessante. Sabemos todos que regra nenhuma por si só é fator de mudança estrutural. Mas, que regras e instituições apropriadas ajudam, isto é inegável. Sempre auxiliam não importando o objetivo. Se a meta for aumentar o padrão político-programático nacional, então a verticalização deve ser mantida e por isso a defendemos.

7.

A salada suprapartidária

31 jan. 2006

Conceitos-chave: A presença de comitês suprapartidários implica na substituição da política partidária, e por consequência, a nitidez das escolhas programáticas e fidelização do eleitorado. Ampliar um espectro político-eleitoral implica necessariamente em ampliar o leque de posturas palatáveis, mas menos identificáveis para as escolhas eleitorais. Assim, reforça-se o candidato como produto e não a política como processo decisório e de formação de escolhas conscientes.

Após intenso "debate", a verticalização começou a cair. É verdade, que ainda restam alguns assaltos neste combate, mas, aparentemente nem o Supremo nem o TSE vão barrar a contramedida. A segunda quinzena de janeiro agitou a classe política brasileira, com os chefes das máquinas partidárias avaliando perdas e ganhos. O raciocínio político empregado é baseado em cálculos alucinados de possibilidades e hipóteses de alianças ou defecções regionais.

Com a norma quebrada e o PMDB indicando um candidato próprio, os cenários da política nacional e estadual tornam-se mais imprevisíveis. Sem alianças nacionais, as eleições em muitos lugares tomam contornos de disputas suprapartidárias. Sai o partido, ou mesmo os arremedos de partidos, e entram os esquemas. Não que a verticalização por si só desse jeito na falta de disciplina dos políticos brasileiros, longe disso. O problema é de outra ordem. Com regras mais rígidas, a situação já é difícil de ser compreendida pelo cidadão medianamente informado. Já com normas frouxas, não há quem segure a forma direta e nada cínica, à moda do falecido deputado Roberto Cardoso Alves, aquele do "é dando que se recebe!".

A política feita aqui é ilógica, se analisada por fora da ideia de maximização de ganhos imediatos. Já dentro desta lógica, nossa política é "racional e eficiente". Só não é republicana e nem defende o bem comum. Sem cair no discurso moralista, as eleições são investimentos de risco, onde os consórcios político-eleitorais apresentam "produtos patrocináveis". No sexto texto do livro, deixamos expressa nossa defesa pela norma da verticalização e explicamos alguns porquês. No presente texto, expomos um provável cenário real daquilo que acontece em eleições suprapartidárias.

No último fim de semana de janeiro de 2006, tivemos a felicidade de ler quatro jornais paraibanos, dois de João Pessoa e dois de Campina Grande. Ler uma imprensa viva e com colunas ágeis foi uma agradável surpresa. Em uma destas colunas, assinada pelo jornalista Nonato Guedes, página A4 da edição de sábado 28/01/06 do tradicional diário O Norte, nos reencontramos com os Comitês Suprapartidários.

O colunista explica com precisão como funciona um Comitê Suprapartidário. São aglomerações de aliados, que apoiam um determinado candidato ao governo do estado e outro, não alinhado com este, para presidente. Exemplifica que nas eleições para o governo da Paraíba em 2002, diversos aliados do então candidato e hoje governador Cássio Cunha Lima (PSDB) apoiaram Lula. Estes políticos disputavam espaço com o PMDB local, que atraiu o ex-metalúrgico para o palanque estadual de seu então candidato, Roberto Paulino.

Nonato segue exemplificando o funcionamento de uma campanha não verticalizada a partir de depoimento do líder de Cássio na Assembleia paraibana, o deputado pelo PDT Gilvan Freire. Gilvan votara em Lula em 2002 e já vinha votando nele há quatro eleições. Foi um dos artífices do Comitê Suprapartidário pró-Lula/Cássio no segundo turno da eleição passada. Detalhe, na época o parlamentar era presidente do PSB da Paraíba. A salada continua na eleição de 2006. Seu atual partido, o PDT, está rompido com Luiz Inácio e talvez emplaque candidatura própria. Um dos nomes cotados é o senador pelo DF, Cristovam Buarque, ele próprio ex-ministro da Educação de Lula, ainda pelo PT. Como sabemos, o nome do senador enfrenta resistências de vários correligionários do partido de Brizola, dentre eles o próprio Gilvan Freire.

Prosseguindo na explicação do Comitê Suprapartidário, o líder de Cássio expõe como a queda da verticalização favoreceria a seu candidato. Para ele, as variáveis de opções do esquema de Cunha Lima são mais amplas do que o esquema do rival, o senador José Maranhão (PMDB). Detalhe importante; não estamos adjetivando as palavras, a coluna deu assim mesmo, "esquema".

Uma maior opção eleitoral significa cobrir clivagens de discurso mais ampliados. Nesta estimativa, o cálculo entre alianças e defecções aparentaria ser mais favorável ao grupo que Gilvan apoia. Segundo o atualmente deputado pedetista, seu esquema superaria assim em números absolutos ao grupo concorrente. Isto porque seu consórcio oferece palanque a Lula e Serra no mesmo estado, aumentando, segundo suas próprias palavras, o leque de opções de voto.

Vale lembrar que a confusão e quebra de pacto partidário não é exclusividade do esquema eleitoral dos Cunha Lima. Em 2002 o PMDB da Paraíba apoiara Lula já em primeiro turno. Isto se deu mesmo com seu partido indicando a vice de Serra naquela eleição, a deputada Rita Camata (PMDB/ES).

Passando da narrativa factual para a análise política, vejamos o significado desta teia de alianças. O líder de um governo estadual, ele próprio já tendo trocado de partido nos últimos quatro anos, defende e opera alianças por fora da divisão político-partidária. O deputado estadual não vai apoiar o candidato de sua sigla para o Planalto e sim o presidente em busca da reeleição. Simultaneamente, é líder na assembleia de um governo filiado ao partido que é oposição ao governo federal. Sem maiores crises, apoiará legendas rivais em níveis distintos na mesma eleição. Trabalhará por cima dos partidos, operando um Comitê Suprapartidário. Os concorrentes farão o mesmo e, minoritariamente, podem até vir a formar um Comitê pró Maranhão e Serra.

Em termos de contabilidade, tudo perfeito. Aumenta-se a oferta de produtos com demanda garantida, alcançando assim fatias de mercado mais variadas. Nenhum problema se o "produto" fosse refrigerante ou comida congelada. Mas, não se trata disso, e sim de candidatos, programas, propostas e vontades canalizadas através do voto.

O tamanho da fossa aumenta porque não se trata de problema local e menos ainda de uma forma "nordestina" de fazer política. Não concordamos, nem reproduzimos este tipo de argumento preconceituoso. Bem longe disso. Os Comitês Suprapartidários nada mais são do que um consórcio de interesses imediatos e por si só antiprogramáticos e contraditórios. O mesmo cenário confuso da política paraibana irá se reproduzir em escala diversa em todos os estados. Diante desse quadro, como fica a cabeça do eleitor? Que opções reais têm, quando todos concorrem e cooperam entre si, e terminam por não se diferenciar em nada?

Voltando ao Nordeste, vale lembrar que a mesma Região onde coabitam Sarney e ACM, entre outros, é onde foi gerada a ideia de brasilidade. No mesmo agreste e zona da mata dos usineiros ergueu-se o Quilombo dos Palmares. Em pleno sertão, bem antes dos caminhões-pipa do DNOCS (Departamento Nacional de Obras contra as Secas), outras saídas já foram buscadas em Canudos.

A história nordestina já comprova. Quando a organização popular encontra seu próprio caminho, suas escolhas vão além de casuísmos, oligarquias e consórcios eleitorais.

8.

Que classe de políticos é esta?

11 abr. 2006

Conceitos-chave: O voto secreto no parlamento, o ou acórdão fechado no colégio de líderes, reforça a tendência da autopreservação dos e das representantes parlamentares. Mecanismos que ocultam o processo decisório enfraquecem a legitimidade, abrindo espaço para mais mimetismo, cópia de práticas politicas antes condenáveis, no ciclo seguinte passando a serem práticas normalizadas. Saídas para a crise de representação são indicadas pelos institucionalistas e neoinstitucionalistas como a necessidade de mudança de regras, com a imposição de novos regramentos na disputa política. O argumento termina comparando trajetórias políticas e alianças heterodoxas de interesse tático e não estratégico, afirmando a necessidade de relacionar os conceitos políticos com as formações sociais concretas do país.

Era uma quarta-feira como tantas outras. No plenário da Câmara, o regimento assegura a absolvição de mais um réu confesso. Naquele início de noite, 5 de abril de 2006, outro capítulo de uma nação vilipendiada por seu próprio Congresso chegava ao fim. O deputado federal João Paulo Cunha (PT/SP), fora absolvido. Pouco importa a diferença de votos. O pior é a constatação pura e simples de que o voto foi na base do velho Robertão[13]: "é dando que se recebe!".

Com esse padrão de comportamento e sem instrumentos de revogação de mandato, ficamos reféns dessa gente. Mesmo não podendo pôr todos os gatos na mesma bolsa, o que importa para a sociedade é que a bolsa segue igual, e a maioria dos felinos ardilosamente entra e se encaixa muito bem nesta bolsa. A sociedade, bem, essa fica ouvindo o canto da sereia de quatro em quatro anos, pouco depois do Brasil sair campeão ou vice de mais uma Copa do Mundo.

O grande mérito desta legislatura onde o Partido dos Trabalhadores tem a maior bancada é a equidade geral e irrestrita. Assim como a Anistia perdoou a torturadores, ao contrário do ocorrido com os repressores da Argentina, o governo de Luiz Inácio fez todos os operadores políticos iguais frente às leis não escritas da vida republicana e não republicana da nação brasileira. Agora a tragédia está consumada e não basta reclamar do achatamento do salário mínimo na era FHC ou das operações político-financeiras de Sergio Motta e Luís Carlos Mendonça de Barros.

Lula foi além dos números de Fernando Henrique, ultrapassou-o também na política econômica, recrutando tucanos e neoliberais para levar adiante sua forma "responsável" de governar. Uma diferença cabal e contumaz é a

13. Roberto Cardoso Alves, deputado federal peemedebista por São Paulo.

"classe" do tucanato. Não apenas a origem de classe, mas o estilo de proceder. Quem fez o jogo duro saiu e calou, como os famosos Eduardo Jorge Caldas e Ricardo Sérgio de Oliveira. Já os mandarins do PT, todos marcas na pista. Neófitos no Planalto escancaram a baixaria e partiram para a compra direta, com e sem rubrica, por dentro e por fora do orçamento da União.

Ao invés de aumentar o poder do Congresso Nacional e de seus líderes, os engenheiros da política poderiam buscar fórmulas e formas de reduzir este mesmo poder. Não apenas do parlamento, mas o poder do próprio Executivo. Para isto, necessitamos de mecanismos de veto oriundos da vontade popular e ao mesmo tempo, repartir o botim impositivo entre os componentes do país. Ou seja, passarmos de uma União para uma Federação.

O mais desesperador é que nada disto passa pela atual legislatura nem pela próxima. Passa pelas ganas de agir dos movimentos populares e das frações de classe organizadas. Pena que a maior parte destes setores se encontram atadas tática ou estrategicamente ao governo de Roberto Rodrigues, Luiz Fernando Furlan, Henrique Meirelles, Dilma Rousseff e cujo chefe de Estado e operador político público é o ex-metalúrgico.

Retornando dos desejos à realidade, reconhecemos que reformas política e tributária ajudariam a "moralizar" a política brasileira. Mas, para atingi-las, os problemas são vários e se acumulam. Se desse para fazer política com fórmula institucional, tudo bem. Mas, como isto é impossível, precisamos de um processo que gere poder aos agentes políticos a concretizarem estas novas fórmulas. Ou seja, para a política, receituário tipo bula de remédio só tende a criar outro cenário de terror, como um filme B de outra quarta-feira chuvosa.

Este país precisava de gente na rua, assim como fez nas Diretas Já e no Fora Collor. Dentre os componentes de palanques cívicos e cordões de marcha, muitos hoje deveriam estar fazendo companhia a Salvatore Cacciola[14]. Digo, se e caso o especulador ítalo-carioca não tivesse "fugido" para Roma. Como todo criminoso de colarinho branco com ou sem mandato, ele de punido passou a foragido ou absolvido. Hoje passeia de lambreta entre o Coliseu e o Vaticano. Quanto ao nosso dinheiro, bem, este, quando escapa da rolagem da dívida, da taxa de juros e do mensalão, cai na lei de responsabilidade fiscal. Seguimos pagando a conta, vendo os desmandos e xingando de voz baixa.

Voltando ao Congresso, as fórmulas e regras, algo tem de ser feito. Nosso regime é presidencialista e quase unitário. Não temos federalismo nem mecanismo de reconvocar o Parlamento. Não quero dizer com isso que caso o regime fosse parlamentarista muita coisa mudaria. Talvez fosse até pior. Ou alguém imagina um regime saudável dando ainda mais poder de barganha para um Congresso como o brasileiro?

Outros formuladores de engenharia política podem dizer que a lista fechada traria a solução. Pode ser, alguma mudança chegaria, mas ao mesmo tempo reforçaria os caciques partidários. Um sistema distrital talvez? Imaginemos os efeitos concretos da institucionalização dos currais eleitorais. "Não são currais, mas sim redutos, diria um institucionalista!". Sim, em parte teria razão este "cientista". Por outro lado, teríamos de perguntar ao "especialista": "A qual sociedade concreta tu te refere?". Sim, porque a sociedade brasileira, com certeza não é.

14. Pivô do escândalo da desvalorização do Real, poucos meses após a reeleição de Fernando Henrique Cardoso, em 1999.

Poderíamos recomeçar a fazer política da cara limpa mudando dois mecanismos criminosos. Trata-se do colégio de líderes e do voto secreto em plenário. Onde manda a desconfiança, é preciso transparência. Pagamos a essa gente para tentarem representar nossos interesses e não para conspirarem em benefício próprio. Voto em sigilo em um parlamento marcado pelo manto e suspeita da corrupção institucional é um convite ao ceticismo e revolta popular. Foi o voto secreto que absolveu os suspeitos do mensalão e o colégio de líderes o mecanismo quem aprovou as emendas orçamentárias. Tudo ao seu preço, com certeza. Restando algo de dignidade nas duas casas, não há comissão de ética que resista. Perfeito, dissolvida a comissão, fica tudo como está e não se fala mais nisto, certo?

Errado. Uma análise mais minuciosa nos faz lembrar o fato de que os partidos políticos têm cerca de 10% de confiança popular e os políticos profissionais menos de 8%. Já citamos estes dados em publicações anteriores e insistimos nisso. Este mesmo povo, sábio ao não confiar em quem representa a si mesmo, vê-se embretado no início do páreo eleitoral. Agora não adianta desesperar, nem buscar voto útil ou mal menor. O melhor a fazer é juntar forças, buscar um programa unificador, algo que represente os interesses de classe e seja viável.

Caso contrário, resta apenas mais do mesmo. Isto significa recriar novas burocracias com origem sindical e no movimento popular, institucionalizar estas lideranças, esperar em torno de vinte anos e ver um por um passar para o outro lado. A história serve para não repetirmos os mesmos erros. Ou alguém imaginava aquele sindicalista, discursando no 1º de maio de 1979, elevado à líder de massas por aquela multidão presente no estádio de futebol em São

Bernardo, terminasse governando junto a políticos da UDN e da Arena?

Este povo, composto de milhões de Eribertos e Francenildos, não merece a classe política que tem. Por isso mesmo, não pode seguir alimentando esta fração de classe dominante com seus melhores quadros. Ou buscamos outras saídas democráticas de longo prazo, ou veremos mais e mais episódios como os de quarta passada. Líderes sindicais e populares, como um dia foi João Paulo Cunha, terminam absolvidos mesmo sendo réus confessos. Triste cumplicidade com um Congresso que só representa a si mesmo e aos seus sócios-financiadores de campanha e mandato.

Até quando?

9.

Democracia ritual e desmobilização popular

06 jun. 2006

Conceitos-chave: A tensão entre democracia representativa e a mobilização popular dotada de independência de classe; a fricção entre a melhoria evidente das condições materiais de vida e a distância desta para uma mudança na consciência política; o reforço de ideologias consolidadoras do "estado das coisas" (status quo) mesmo sob um governo que promove mobilidade social; o descontrole da maioria representada sobre minorias de representantes; a necessidade de equilíbrio democrático sem contar com recursos de mobilização para ganhos materiais com avanço de consciência coletiva.

Um dos maiores problemas na política (e com maior ênfase no século XXI pela complexidade do processo legislativo e decisório nos governos) é o controle da população sobre a classe política. Não apenas a tal "maioria silenciosa", mas mesmo os grupos militantes exercem muito pouco controle sobre seus representantes. Este é um problema vital para qualquer regime democrático. O pouco exercício de controle, a sistemática frustração das expectativas se reflete na desconfiança permanente da população para com os atores individuais (políticos). É da natureza da política: sem controle não há exercício de poder. Pela lógica, se não há efetivo controle pela maioria, então o sistema é controlado por poucos. Sendo assim, o exercício de poder termina por beneficiar aos controladores do próprio sistema. E a democracia, onde está?

Parto do princípio que a meta democrática não pode ser apenas um rito de normas e procedimentos. O rito da competição eleitoral não substitui, nem pode ser mais importante do que a participação direta. Participação é a palavra chave, mas com poder decisório, e não uma maquiagem onde os recursos de mobilização atendem aos objetivos das práticas políticas de cabresto. As entranhas da sociedade organizada são as instituições de base. É deste tecido social esfacelado, que nascem e até rebrotam as possibilidades de transformação. Na ausência desta participação, abundam os programas de assistência direta deixando espaço aberto para manipulações mais abjetas, como as da extrema-direita.

Desde a volta do regime democrático no Brasil, em 1985, e especificamente após a Constituinte cidadã de 1988, vivemos uma situação social esquizofrênica. Por um lado, em tese, aumentam os direitos das maiorias. Por outro, uma série de barreiras estruturais brecam o avanço popular: - o direito não é normatizado em leis funcionais; - a classe política vai se autonomizando para com seus representados; - os recursos necessários para o exercício destes direitos nunca constam nas diretrizes orçamentárias, e mesmo quando constam são coincidentemente contingenciados; - aumenta a carga impositiva, mas o Estado cada vez funciona menos e piora seus serviços.

Durante os últimos 12 anos, o Estado brasileiro operou com uma lógica absurda. Abriu mão do exercício de funções básicas, recusou-se a ter objetivos estratégicos de médio e longo prazo e ancorou sua aliança na ciranda financeira e no monopólio da comunicação. Este mesmo estilo "low profile" de governar, capitaneado por FHC e o tucanato, foi, fielmente, reproduzido por Lula, o Campo Majoritário e seu Núcleo Duro de governo. Para isto, o PT deu sua grande contribuição para o rito da "democracia" brasileira. Por um lado, dedicou seus melhores e mais bem preparados quadros para serem reprodutores de um estilo e escola de governo pactuado, e que não atende os interesses das maiorias. Por outro, "acalmou" – desarticulando - estas mesmas maiorias.

Senão chegou a pactuar o país socialmente, o Lulismo (a soma do carisma do presidente com a base eleitoral fixa de 30% do PT) ajudou a desorganizar a classe a qual se dizia representar e aumentou o vínculo direto da maioria excluída com os programas de ajuda do Estado. Isto garante que, as tais "massas em disponibilidade", se mantenham em disponibilidade eleitoral e não mudem nada de suas relações sociais básicas. Ao invés de mobilização social, cestas básicas. A moeda de troca é o voto e não a pressão. Os movimentos populares não conseguem chegar sequer a ser clientes do governo. A imensa massa de jovens desempregados ou subempregados, abundando em favelas e periferias de norte a sul do país, fica como está, até que vire o mês e chegue às suas casas o próximo mês com bolsa família. Entre bolsa e bolsa, é mais fácil o caminho do ordenamento capitalista (e as obrigações que sempre chegam, como contas básicas, aperfeiçoamento profissional e o mundo do trabalho) do que o da militância. É óbvio que os programas de inclusão social e renda básicas são fundamentais, mas esses de por si não mudam condições de consciência e menos ainda de mobilização classista. Ajudam a inserir parcelas inteiras na sociedade de consumo e pré-dispostas a reforçar aquilo que já praticam: como o consumo através do crédito e a frequência em cultos pentecostais ou neopentecostais. Assim, não é difícil para pastores e pregadores do empreendedorismo faturar ideologicamente os resultados imaginários através de concretos e relevantes programas de governo de coalizão liderados pela centro-esquerda.

Qualquer um que já se ocupou da dura tarefa de mobilizar pessoas, trabalhar para que estas se tornem sujeitos e protagonistas de seu próprio destino, sabe como é dura esta lida. Mais pesada ainda quando há uma profunda confusão de conceitos, confundindo movimento popular, partido político e governo eleito. Mais confuso ainda quando todas as expectativas foram jogadas no exercício de uma parcela do poder real da sociedade, justo aquele ocupado através da eleição ao Poder Executivo.

Some-se a isso algo que mais ao sul chamamos de "lavar o discurso", como erva lavada de um mate já frio e sem graça. Lavando o discurso e profissionalizando a militância, se acalmam os ânimos. Um processo desta envergadura é fruto de ao menos uma década, e não meses ou mesmo anos de governo. O resultado é visível: quanto menor a mobilização popular, maior será o assistencialismo. O ceticismo para com a classe política cresce de um lado, mas não encontra eco na pouco praticada independência de classe. Ausente esta última, a lógica eleitoral impera, aumentando assim a autonomia da mesma classe política, em quem ninguém confia mais.

Neste breve texto, não queremos aumentar o lugar comum do "ninguém presta" e "nada podemos fazer". É justo o oposto. A primeira medida para sair da crise política, onde se encontra a militância dos movimentos populares deste país, é reconhecer a crise e ver as causas e consequências diretas da mesma. Reconhecido o problema, identificando sua questão central, entram em ação a coragem e a lucidez de cortar na própria carne e fazer o que tem de ser feito. Os leitores me perdoem a extrema franqueza, mas faço análise para o campo ao qual pertenço.

Em uma comunidade tradicional, regida por elementos federalistas, os chefes e conselheiros tinham o poder e o dom da palavra. Ainda assim, a qualquer momento poderiam ter o dever de mandar, retirado pela maioria que o outorgou. Considerando que vivemos em uma sociedade complexa, injusta e multifacetada, uma reflexão é mais que urgente: - Como exercer controle direto sobre a classe política?!

Detalhe, hora alguma esta mesma sociedade tradicional desmobiliza suas forças e delega tudo para os mandatários. Justamente o oposto do que ocorre aqui.

Voltando para o Brasil contemporâneo, a realidade nua e crua, conhecida por todos os brasileiros, é a seguinte: - As instituições públicas não funcionam e não atendem a maioria de nosso povo.

Obviamente, este tema não passa nem perto dos "sábios", que vem discutindo a reforma política ao longo da última década. Em tese, a "democracia" seria o regime do mando do povo. Fica então outra pergunta: - Se o regime tem como base o mando do povo, porque a maioria precisa ficar desmobilizada para que esta democracia funcione?

Considerando o que os sábios, especialistas, atores individuais e consórcios partidários nos dizem com seus próprios atos, e não com seus estudados gestos, a dúvida só aumenta. É óbvio que, aumentando os recursos de mobilização popular, aumentam também a desconfiança com os políticos profissionais, alta tecnocracia e seus aliados das grandes corporações privadas. O modelo democrático praticado no Brasil não aguenta a desconfiança somada com a pressão popular.

É só isso a democracia? Então que democracia é esta?

10.

Três confusões e vários equívocos da esquerda brasileira

04 jul. 2006

Conceitos-chave: O texto aborda os modelos de partidos, o partido de intermediação, o partido de minoria, o conceito de movimento de classe, a diferença entre público, privado e estatal, e o avanço da consolidação do público sobre o aparelho estatal. Também trata da diferença de processos históricos na América Latina e a absorção de modelos societários idealizados advindos de outras formações liberais oligárquicas. Como modelo de análise, se discute acumulação de forças e a interpretação crítica da teoria gramsciana — com as ideias de guerra de posição e guerra de movimento — sem o tecido social-produtivo devidamente mobilizado.

Agora começou. Eliminados vergonhosamente da Copa do Mundo de 2006, a primeira semana de julho marca o início da corrida eleitoral. Como no futebol, na disputa das urnas, vamos pagar o preço de fingir não ser quem somos, e por isso mesmo, iludir-nos das discussões de fundo estratégico. Entre Lula (PT) e Alckmin (PSDB), no aperto do corredor polonês, o que sobrou de esquerda deste país sofre uma grande confusão ideológica e de modelos de partido. Neste breve artigo, vamos retomar o debate do tema.

O Brasil, embora peculiar pelo idioma e o tamanho desproporcional para o continente, não é uma ilha isolada da América Latina. Muito ao contrário, quanto mais nos afastamos, mais "*sudacas*" e "*cucarachos*" nos tornamos. Tanto pela negação da própria identidade a ser reconstruída, como pela postura arrogante e subimperial que insistimos em reproduzir. Caso conhecêssemos mais a nós mesmos, e reivindicássemos as raízes da história política latino-americana, tudo seria distinto. Ao menos teríamos a chance de evitar uma grande confusão vivida pela militância brasileira mais à esquerda nos últimos 25 anos.

O primeiro conceito que quero trazer é a ideia de "melhorista" contra a clássica noção de "reformista". Concretamente, o Partido dos Trabalhadores e suas várias correntes, vivem hoje um dilema, acobertado pela "questão conjuntural" das eleições. A esquerda deste partido ainda vê como "tática" a participação na legenda e passa a fazer uma lógica discursiva de dar pouco peso ao nível político. Isto é verdade, mas apenas em parte. Porque, quando uma agenda eleitoral pauta a luta popular, repetindo-se a cada dois anos, isto cria uma rotina de "projetos de poder" (com p minúsculo) e aponta expectativas e projetos individuais dos militantes.

Reunificando-se a cada dois anos, esta frente de correntes, hoje divididas entre a direita majoritária (melhorista) e a esquerda em minoria (reformista), retoma o pacto de cumplicidade e mata no peito e em conjunto os escândalos que asseguraram a "governabilidade". Na essência, em minha opinião, o governo de Lula partiu de uma perspectiva melhorista e de continuidade com o modelo anterior. Não tocou em nenhum elemento central da forma de governar dos oito anos anteriores de FHC. Digo mais, aprimorou as diretrizes macroeconômicas, sendo que em alguns aspectos, implantou as propostas de governo elaboradas por José Serra no segundo mandato de Fernando Henrique. É evidente que o giro não contracionista e a agenda de crescimento econômico é distinta do período tucano, mas os pilares da dominância neoliberal foram mantidas: câmbio flutuante; autonomização do Conselho de Política Monetária; Lei da Responsabilidade Fiscal; meta de superávit primário; autorização de mais concentração no sistema financeiro, dentre outros.

As correntes da ala esquerda deste partido, representando vínculos com movimentos populares que tem participação lateral no governo, se vê embretada entre uma perspectiva reformista clássica e uma postura um pouco mais ousada. Não fosse a confusão propositada na formação política somada com alguma vontade estratégica, menos massista e mais política, possivelmente esta polêmica não existiria mais. Mas, esta falha de formação, quando repetida ciclicamente por mais de duas décadas, deixa de ser falha e vira "virtude" aos olhos de quem assim foi formado.

Poderia nomear e debater uma série de conceitos propositadamente confundidos, mas neste breve artigo cito apenas a três. O primeiro é uma leitura de "guerra de posições" e da "disputa e correlação de forças" gramscianas, ideias-guia estas que, na ausência de um marco estratégico, simplesmente podem servir para qualquer coisa. Recordo de um debate, há mais de 15 anos, com um coordenador da Pastoral Operária, quando este militante dizia: "usamos a Bíblia para uma interpretação e o neopentecostal por vezes utiliza o mesmo versículo para dizer o inverso e oposto do que fazemos". As ideias básicas do italiano Antonio Gramsci servem para quase tudo dentro das perspectivas de uma esquerda eleitoral e cada vez menos classista.

A segunda confusão, e esta é tão enraizada como a anterior, é a mescla entre a apropriação progressiva do Estado pelos poderes públicos, provenientes do antagonismo entre o povo e suas elites; e a confusão praticada da tomada do aparelho de Estado, por dentro do sistema de espólio da política brasileira. Este debate mal resolvido tem suas origens nas disputas internas quando da criação das jovens repúblicas latino-americanas, e os choques entre o patriciado *criollo* e os ativistas liberais-radicais (como no caso do federalismo platense e pampeano, na Liga Federal dos Povos Livres sob liderança de José Gervasio Artigas, formador da base da República Oriental do Uruguai) que queriam construir a *res-publica* mestiça, negra, indígena, com cheiro e cara dos povos que resistiram à conquista. Ao ocupar parcelas do Estado, sem fazer com que estes espaços adquiridos nas urnas sejam fruto da mudança da correlação de forças na estrutura da sociedade, a militância torna-se legitimadora deste mesmo Estado operador da injustiça e da desigualdade perante a lei.

A terceira confusão é a própria ideia de partido. O partido de tipo burguês, instrumento de representação política autopromovida, vive uma crise sem fim. A classe política brasileira se autorregula, e tal e qual os capitais voláteis da jogatina financeira, ao não terem barreiras, cada vez se regulam menos. Bem, para entrar na rinha de galos (prática ilegal e execrável de exploração, maus tratos e crueldade animal), é necessário usar biqueira e espora. Se as regras da rinha onde se aceita pelear são estabelecidas pelos donos do rinhadeiro, camada social que estruturou sua própria posição como forma de assegurar estas regras, é preciso entrar no clube e pagar a joia do título de sócio proprietário. Ou então, mudar as regras de fora para dentro, e usar outro tipo de instrumento político diferente do utilizado pelo adversário.

Mas, ao associar a ideia de partido político como forma de representação eleitoral, estes mesmos militantes partidários se negam a ver a independência de classe perante o campo e a classe política como uma das poucas formas de criação de outro poder. A acumulação de forças que pode assegurar a pressão necessária sobre o Executivo, a mudança dos rumos da macroeconomia e o aumento simultâneo de uma apropriação pública das capacidades do Estado, passa bem longe das urnas.

Para conseguir esta acumulação de forças, são necessários alguns instrumentos. Um deles é político, a busca pelo modelo apropriado de partido político. Tal modelo toma a forma de uma agrupação de minorias, com vontades estratégicas, e cuja tarefa é ser força motora da construção deste poder. O outro instrumento é a separação absoluta entre partido e movimento de classe. Com pautas distintas, sem se entreverar com os espaços públicos abertos, proibindo a participação dos militantes em cargos de confiança exercido em gabinetes e funções no Legislativo e no Estado. Por fim, mais uma separação decorrente das duas primeiras. Esta é a distinção total entre partido político, movimento popular e exercício de governo.

Garantindo a ocupação distinta dos diferentes espaços, será possível a construção de outra forma de exercício de poder, atendendo aos interesses estratégicos do país, a partir da sua própria identidade como povo e classe. Para isto, será necessário outro processo político, cuja resultante é a forja de uma militância popular desvinculada dos interesses eleitoreiros.

Infelizmente, para sairmos do corredor polonês formado de um lado pela oligarquia e a jogatina financeira de sempre, e do outro pela aliança entre "melhoristas social-liberais" e "reformistas socialdemocratas", será necessário mais uma geração de militantes. Outros 25 anos nos esperam.

11.

A política como teatro de representações de interesses

11 jul. 2006

Conceitos-chave: A política profissional como teatro de interesses, a representação também como exercício de artes cênicas; a capacidade resolutiva da política e a colonização da política pelas premissas do pensamento único na economia neoliberal. O texto também traz o problema dos interesses estratégicos diante da baixa capacidade de transformação quando a participação popular é canalizada para estados de ânimo coletivo, como indo da apatia à euforia; também se afirma a interseção entre a política e a guerra e falsa dicotomia, em alto nível de governo, entre processo decisório e processo produtivo. Como alerta, apresenta o problema do vazio de representação e da acomodação de forças, restringindo o engajamento das maiorias a momentos políticos circunstanciais.

Terminada a Copa do Mundo (a da Alemanha, em 2006), começa a corrida eleitoral. O país vai assistir ao mesmo espetáculo, uma campanha cujo protagonista também se comporta como ator. Não por acaso, o político profissional, nascido da mescla da estrutura de representação com a gerência do Estado como ente público, torna-se cada vez mais um intérprete. Senão da vontade, das intenções de expressão dos vários segmentos do eleitorado. Nossa democracia de quase 130 milhões seria, portanto, uma das maiores casas de espetáculo do mundo.

Quando o Ocidente inventou a democracia como "mando do povo", o demos (povo-cidadão), tinha não somente o direito, mas o dever de se manifestar. Todos os cidadãos com direitos assegurados somente assumiam sua cidadania plena ao se manifestarem na Ágora grega. Óbvio que esta democracia, em escala ampliada, tem de assumir formas de mediação. Mas em essência, a obrigatoriedade de se manifestar difere, e muito, de dois aspectos centrais da democracia brasileira. A primeira é a pasmaceira entre pleitos. O povo, convidado a se manifestar, também é indicado a retirar-se de cena após o término da eleição. E, durante a corrida, vive-se outro aspecto, o de euforia.

No ano de 2005 o Brasil assistiu aos vultosos escândalos recentes executados pela classe política brasileira. Acontecesse o mesmo em outros países latino-americanos, e cairiam todos. Congresso, governo, ministério, se veria abalada a composição de classes e, por vezes, em cheque o próprio sistema político. Mas, dentro da perspectiva "melhorista", identificada por nós no décimo texto da obra, moveram-se algumas peças, mas não se alterou a correlação de forças no Congresso. Dentro de três meses estaremos reelegendo o Congresso Nacional. Casa esta, que se renova em quase 50%

a cada legislatura. Fica a pergunta: "Se os atores se renovam, porque o enredo do baixo clero sempre se repete?".

Uma das causas é o próprio teatro da campanha, onde aparecem atores carregando bebês de colo, tomando cerveja em copo de geleia, demonstrando profundo interesse por rachões de várzea, assistindo atentamente um sem número de festejos entre panelas de arroz e um pouco de carne picada. Enquanto a população perde sua capacidade de autorrepresentação, ao ver-se mobilizada para atuar tanto como figurante como plateia destes espetáculos, a política perde sua capacidade decisória.

Explicando. Com o avanço das restaurações neoliberais, e no caso latino-americano, após a promulgação de medidas estruturais vinculadas ao que se convencionou chamar de Consenso de Washington, pouco a pouco a política com P maiúsculo vem sendo duplamente colonizada. No campo das representações, a Política se vê tragada pela "política", cujas razões de Estado sempre acabam perdendo para razões de governo. E, por sua vez, as razões de governo também perdem para razões de mandato. Na outra ponta da corda, a Política vem sofrendo, como saber e síntese resolutiva de uma sociedade, a colonização da "economia". Mas, sejamos honestos intelectualmente, esta "economia" tem muito pouco de Economia. É um arranjo de jargões e siglas, que ganham carga simbólica como suposto saber científico, e quando muito se trata de uma coletânea de capacidades gerenciais.

A miscelânea gerencial, por sinal abundante nas livrarias de aeroportos brasileiros, disputando palmo a palmo os espaços das estantes com livros de auto ajuda, compõe o arsenal de linguagem constrangedor das capacidades discursivas da Política. Ou seja, traduzindo, o enquadramento econômico de "responsabilidade fiscal", assegurando o lucro dos bancos, mantendo a jogatina financeira, a sobretaxação para cobrir parte dos custos de rolagem da dívida pública, os benefícios escancarados a grandes grupos econômicos transnacionais e brasileiros, todas estas pré-medidas, garantem que pouco ou nada será feito para quebrar o próprio modelo "melhorista".

Garantidos os recursos às classes dominantes, oligarquias regionais, elites dirigentes controladoras dos capitais que operam no Brasil e repartidas as maiores fatias do botim impositivo, sobra para os eleitores na disputa pela representação. Esta, por sinal, não é do povo organizado em grupos de interesses, mas sim de atores individuais ou consorciados em legendas pouco ou nada programáticas, dotadas de máquinas de campanha muito superiores aos mais importantes movimentos populares do país. Basta para isso, compararmos o orçamento de um forte sindicato nacional e de um gabinete de deputado federal. Para piorar, a carreira política acena para a militância o caminho do corredor acarpetado e não mais o chão de fábrica ou das ruas de barro. Quando a representação política alcança o povo, é como moeda de troca.

Vivemos um momento grave no que diz respeito à capacidade de representação da democracia brasileira. Os governos estaduais, condicionados pela "guerra fiscal" e na falta de capacidade de investimento do próprio Estado, recorrem cada vez mais à Brasília e ao caixa do Governo Central. Na busca destas saídas, a primeira contramedida dos poderes de fato, é restringirem ainda mais a capacidade resolutiva da Política. Ou seja, se garante o direito de voto, mas se condiciona sua capacidade de execução. Isto, somado a falta de políticas públicas universais (aplicadas por estados e municípios), eleva o hiato de representação.

Resumindo o problema, respondemos a questão com uma pergunta de fundo: "Quem representa os jovens que vivem nas periferias de São Paulo e sua Região Metropolitana e tem como destino manifesto o desemprego, o subemprego, a assistência em projetos passageiros ou o crime?".

Considerando que a situação vivida em São Paulo difere, mas não muito, das mazelas vivenciadas em todos os aglomerados urbanos do Brasil, podemos imaginar o tamanho do abismo. Não se trata de fazer terra arrasada do mecanismo democrático, muito pelo contrário. Boas e justas medidas podem ser tomadas a partir de estados e municípios. Mas, há que se considerar, a salvação da democracia brasileira está no ato de tornar cada vez mais públicos os recursos de Estado. E, que este mesmo Estado, pare de servir de caixa para os grandes capitais, ao mesmo tempo, que financia o estelionato eleitoral, bancando a autorregulação das elites conformadoras de uma mentalidade de classe política.

Algumas medidas poderiam ter sido tomadas, tanto no último governo e legislatura, como com os mandatários anteriores. Visto que a ocupação de postos-chave impede o avanço da defesa dos interesses de classe e povo, outros caminhos devem ser tentados. Dentro dos limites desta obra com pretensões didáticas, nos dedicaremos a debater e demonstrar saídas e alternativas para este lapso democrático. Isto, tanto no Rio Grande, outrora farto e rico e hoje uma economia estagnada, como no cenário nacional. Nas linhas traçadas no décimo primeiro texto, uma reflexão nos pareceu o bastante.

Como vamos iniciar um debate de fôlego, queremos aqui marcar uma assertiva, uma premissa conceitual. Ou seja, fazer o que a sinceridade intelectual nos obriga, dizer o ponto de partida de nossos argumentos. Para nós, a Política tem a capacidade da síntese, de resolução, de execução das vontades e interesses das maiorias. É no nível político, e não em qualquer outro subterfúgio da antipolítica neoliberal, que pode ser salva ou destruída a ideia e a existência da nação.

Como afirmou o marechal teuto prussiano Carl Von Clausewitz (1780-1831), a guerra é a política por outros meios. E, em alto nível decisório, não há distinção entre Política e Economia. É no nível político onde se materializa tanto o interesse material como a motivação ideológica.

As ideias ganham materialidade como Política de exercício de vontades e possibilidades. É esta a capacidade soberana que o povo tem. E tamanho potencial, sempre será mais forte do que o proselitismo clientelista de um ator profissional em cima de um palanque, ou de um tecnocrata defensor de interesses privados e com cargo de ministro de Estado.

No exercício desta capacidade, o povo e a classe podem redescobrir sua própria força. Força esta, muito superior aos discursos pré-moldados, por mais que sejamos treinados para não acreditar naquilo que nossos olhos estão vendo.

12.

A política dos discursos

15 ago. 2006

Conceitos-chave: O texto traz os fundamentos da campanha eleitoral do ponto de vista da compreensão da disputa eleitoral diante da teatralização da política. A colonização da economia sobre a política é proporcional ao aumento da complexidade dos atos de governo e a desinformação que grassa o eleitorado em geral. Já a base das candidaturas faz alianças e aproximações empresariais ou de interesses específicos e uma parcela dessa agenda já comprometida não se torna pública. O texto termina exemplificando o Jogo Real da Política, abrindo o conceito.

Quando da produção desse texto, a campanha já havia entrado nas casas dos brasileiros, através do horário político obrigatório. Se por um lado a democracia aqui praticada anda mal das pernas, por outro somos obrigados a reconhecer que este mecanismo é interessante. O horário de propaganda em rádio e TV — além do próprio teatro da representação política — também descortina as contradições de um espetáculo midiático sem lastro na realidade. Tal e qual na economia, grandes descompassos marcam a fossa entre o discurso emitido e a materialidade de suas realizações.

Torna-se simplista afirmarmos aqui que todo político profissional é mentiroso. Mas, é fato, este é o sentimento da maioria da população. Ceticismo na marca de uma mirada, observação aguçada fazendo pontaria da outra coxilha. Se assim não fosse, seria mais que desnecessária uma permanente convocatória do eleitorado para votar. O esquema de argumentação do Tribunal Superior Eleitoral (TSE) é até interessante. Convoca aos eleitores a realizarem um contrato com empregados de confiança, servidores do público indicados pelo voto.

Como sensação, serve. Mas, como mecanismo deixa a desejar. Isto porque qualquer servidor comum, se já for celetista, pode ser demitido. E, o contrato com as elites dirigentes do campo da política não tem nenhuma cláusula rescisória funcional. Caso percam seus postos, é via julgamento da própria categoria. Defendem a si mesmos e representam a quem afinal? Esta é a pergunta; a quem esta gente termina por representar?

O mecanismo eleitoral apresenta uma falha de estrutura. Isto porque, embora seja de representação e outorga das vontades das maiorias, existe um lapso entre informação e decisão. Como é sabido em qualquer empresa mediana, nenhum gerente tem condições de decidir os rumos de uma padaria se não conhecer os processos de panificação, os preços do trigo, as normas da saúde púbica, o piso salarial dos padeiros dentre outras especificidades de sua área. Não precisa ser padeiro para ser proprietário de estabelecimento de panificação, mas necessariamente tem de conhecer do ramo. Porque haveria de ser diferente na política?

A contradição vivida pela democracia de massas está na forma de participação e representação. Considerando que a política só se faz com ações de minoria dotadas de vontades políticas e interesses estratégicos, resta para a massa votante, nestas regras, aceitar o papel de delegar poderes. Entra em cena o jogo discursivo, não necessariamente ruim, mas que a cada dia que passa vai sendo desmaterializado. Sem equivalente no mundo das realizações, criamos algumas "bolhas de ilusão midiática". O enunciado do político em campanha ganha tons mágicos e místicos. Ausente da informação estratégica para o eleitor poder decidir com alguma base além da emotiva, perde o voto seu poder resolutivo.

Vale novamente a comparação com a economia, bem ao gosto dos neoliberais. O discurso dos políticos profissionais está para a sociedade tal como a especulação está para o mundo dos produtos e serviços. Hoje temos uma base monetária "sequestrada" pela farsa fiscalista. As teorias tóxicas na economia, uma fantasia organizada desmaterializada, perdida entre compromissos de bastidores e fundamentada por constrangimentos econométricos e monetaristas.

No jogo eleitoral, acontece o mesmo. O sujeito sobre no palanque com duplo discurso. Um é para a plateia, seu público consumidor como gostam os neoinstitucionalistas. Mas, de fundo, seus compromissos são com outro público-alvo, seus investidores e aliados. O eleitorado vota na estética gerada como produto eleitoral. O eleito amarra seus compromissos estratégicos com o consórcio estatal-privado que o indicou. Restando assim acordos táticos, portanto não essenciais, com o público expectador de sua fala. No universo deste eleitorado, de fato semidistrital e corporativo, espalham-se interesses menores e negociáveis. Estas são as assim chamadas prebendas. Ou seja, os velhos e históricos favorecimentos individuais, a miúdo e no varejo. O atacado deste mercado vai para o consórcio financiador-investidor. Qualquer semelhança com escândalos recorrentes, citando aqui o mais popular em 2006 (quando da redação original), a empresa Planam, dirigida por Darci e Luiz Antonio Vedoin, e a Máfia das Sanguessugas não é nenhuma coincidência.

Voltando às absurdas comparações, novamente a economia monetária e financeira presta seus "serviços" para compreender nossa eficácia democrática. Fazendo uma comparação entre as forças produtivas da sociedade e os interesses em jogo pela instância de síntese, a política, a tropa da reação da Sociedade de Mont Pèlerin[15] bradou que a liberdade econômica está acima da liberdade política. Assim, a partir desse pressuposto, começava a colonização de uma esfera sobre a outra. Buscou-se dotar a forma "responsável" de fazer política com uma suposta racionalidade de interesses individuais. Cada indivíduo seria, para esses gênios da economia imaginária ("todas as informações seriam perfeitas"), um representante de seus próprios interesses, e se associaria a outros somente para maximizar seus ganhos.

Portanto, se formalizava em termos de teoria aquilo que o sertão chama de cabresto e apadrinhamento. Mas, com ares de teoria da ação coletiva, isto redunda em lobbies sem fim e investimento de tempo e carga de informação em

---

15. Fundada em 1947, trata-se da grande central difusora do neoliberalismo no planeta.

interesses políticos específicos. Novamente, o Brasil reproduz sua forma de estrutura excludente, tanto no voto como nas políticas públicas. Ambos são, por definição, universais. E, simultaneamente, o voto obrigatório não é acompanhado do treinamento necessário para exercê-lo. Ou seja, ninguém é treinado para decidir temas públicos em seu cotidiano. Mas, é convocado a decidir a cada dois anos, em dois planos distintos, levando para a urna apenas a reprodução do abismo. Numa ponta, o cotidiano da sociedade de classes, noutra, a confiança outorgada para os políticos profissionais. Não podia dar em outra coisa.

A desmaterialização dos discursos é acompanhada da descrença nesta forma de fazer política. Seguindo neste caminho, o fosso entre o voto e a decisão real vai aumentar exponencialmente. Não seria exagerado afirmar ser este o buraco de ozônio da democracia representativa brasileira.

Mas, isto é apenas um alarme, só isso. Não queríamos com este texto jogar ainda mais porcaria no ventilador. Muito pelo contrário, esta intenção é simplesmente colaborar com a reflexão do eleitorado e reivindicar a capacidade de discurso com a necessidade de realização. Para que isso aconteça, vários fatores são importantes. Um deles é aumentar a carga de informação estratégica para o eleitorado. Isso significa a explicitação dos mecanismos lícitos e ilícitos, formais e informais, por dentro e por fora, legais ou reais, das práticas políticas concretas das elites dirigentes desse país. Ou seja, trazer o conceito de Jogo Real da Política. Somente o exercício da informação e da análise sem nenhuma censura pode aumentar a capacidade crítica da população. Portanto, em tese, um horário eleitoral gratuito poderia ser muito positivo nesse sentido.

Infelizmente, tudo o que foi defendido acima será justo o oposto do que vemos em campanhas eleitorais.

13.

O cinismo do preconceito como "categoria" de análise

16 ago. 2006

Conceitos-chave: O texto aborda o problema da circulação de conceitos válidos em contraponto aos preconceitos intelectuais. Traz o paradigma do controle da informação, controle da narrativa, onde as "ideias pensáveis" devem circular e as demais não são validadas apesar de não passarem por nenhuma rejeição no crivo de validação científica.

Tem colega analista que abusa do cinismo, em especial quando se dirige a um determinado público supostamente qualificado. Para evitar mais problemas legais - que afinal são pura perda de tempo- vou dizer "o milagre e não o santo". A essência da Nota é a crítica da manipulação do conceito na forma de preconceito.

Exemplifico com a constatação óbvia de que os textos, artigos, notas e teoria que produzo não tem como pressuposto nenhum verniz de direita. Mesmo assim, não posso ter a ideia inválida de desqualificar o argumento de outro analista mais à direita (como estão à imensa maioria) com opiniões embasadas em subterfúgios de preconceito. Devo e posso combater conceito contra conceito, desconstruindo ou tentando fazê-lo. Na ausência desta possibilidade, basta o contraponto. Mas, seria absurdo desfazer o processo de pensamento não levando em conta suas premissas e sua exequibilidade.

Ou seja, não posso dizer que a ideia de um candidato é "mágica" ou "fantasiosa" pelo simples fato de eu não acreditar em sua consecução. Posso e devo perguntar como o candidato pretende fazer o que diz, porque e através de quais processos. Em todos os campos ocorre o preconceito qualificado, mas onde as "ideias pensáveis" operam com mais intensidade, como aponta Noam Chomsky, é justo na chamada política econômica. A taxa de juros torna-se um ser animado e temperamental mutante, e quem ousar defrontá-la com outra proposta, menos monetarista e mais produtivista, será taxado de louco!

Que um opositor a esta política utilize este argumento, o da loucura, é algo deplorável embora compreensivo. Mas, que em nome de uma técnica especializada, afirmemos a uma ideia contrária como "louca", isso sim beira a falsidade intelectual. Dei o exemplo da famosa taxa de juros, mas poderia abordar outro tema de suma importância. O comportamento termina sendo tão tétrico quanto.

14.

Uma campanha ausente de informação estratégica

22 ago. 2006

Conceitos-chave: O texto aborda conceitos fundamentais da análise estratégica, incluindo as definições básicas de: estratégia, táticas, manobras e ciclo de inteligência. No que diz respeito à administração estatal gerindo a coisa pública, o texto elenca quatro conceitos fundamentais: concessões públicas e infraestruturas necessárias; instrumentos de política econômica; economia política; políticas públicas. Conclui reforçando a crítica na teatralização da política e dando ênfase nas informações relevantes na campanha como mais importantes do que os temas secundários e a vida privada dos atores políticos.

Em plena campanha eleitoral, uma das impressões recorrentes é estarmos vivendo um grande vazio político. Não falamos do clássico "vazio de poder", coisa que na prática não existe. Mas, a afirmação é de sensação de vazio, onde a propaganda dos candidatos está muito desvinculada de sua capacidade de materialização. Em texto anterior, expusemos como a falta de informação estratégica implica no duplo discurso teatralizado. Neste texto, traremos um exemplo de conceitos fundamentais que passam a léguas de distância de todos os palanques.

Para trabalharmos com informação estratégica, é necessário reafirmar a ideia formadora do conceito de estratégia e informação. Comecemos pelo segundo. A informação, para ser utilizada além do rótulo, necessita passar por um processo de análise. Destes processos, o mais conhecido e popularizado em milhares de consultorias de marketing e administração, é uma versão civil do chamado ciclo de inteligência. Se fosse uma fábrica ainda fordista, a matéria prima passaria pela seguinte linha de montagem: coleta/captação - classificação - primeira análise (bruta) - segunda análise (fina) - processo (sempre comparativo) - destino e operacionalização.

Embora pareça algo complexo, tal processo é de uso comum de um sem número de espaços de decisão. Na ausência de análise e destino da informação, os dados pouco ou nada diferem de uma caixa vazia. Ou seja, ainda que tenha validade estética, a não ser que o objetivo seja colecionar caixas, uma caixa vazia serve para quase nada. O mesmo ocorre nas campanhas. Um candidato afirma que vai destinar certa quantia, X R$ milhões de reais para um setor de governo, digamos, o saneamento. Mas, sem a informação precisa de quantos milhões de reais são necessários para o investimento inicial no sistema cloacal, o eleitor fica sem saber se a quantia prometida é muita ou pouca. Ou seja, sem saber quanto é o investimento mínimo para um determinado empreendimento, R$ 10 milhões de reais podem ser muito ou pouco, significativo ou irrisório.

Já a ideia de estratégia é por si só alvo de desinformação. Em última analise, estratégia implica em conflito, antagonismo, disputa e luta. Considerando que ninguém age sozinho, a autonomia estratégica implica em supremacia na interação estratégica. A disputa em um cenário complexo necessariamente, passa pela aplicação do ciclo de inteligência sobre os demais atores presentes no contexto do conflito (manobras) e a resultante dos ciclos de análise e embates a cada teatro de operações (batalhas). Trazendo a comparação para o terreno da política brasileira, é notório e sabido que os lobbies e consórcios político-empresariais entram em conflito por diversos interesses simultâneos. Peleiam entre si no limite da sobrevivência de seus membros como setor de classe dominante. Na maior parte das vezes, a razão de classe fala mais alto e o instinto de autopreservação e acordo superam os ódios gerados e geradores de disputa.

Assim, se a massa do eleitorado tivesse acesso não só ao jargão da análise, mas aos instrumentos dos analistas, seria mais fácil compreender e não ser surpreendido pelos jogos de bastidores. O instinto de preservação salvou os mensaleiros, boa parte dos anões do orçamento e retira da lista dezenas de sanguessugas. Este mesmo sentimento impede que Geraldo Alckmin saia de sua indecisão de aceitar a opinião do PFL e de setores tucanos e parta para o vale tudo eleitoral.

Fernando Collor de Mello não teve este pudor, trouxe a Miriam Cordeiro (ex-namorada de Lula) para a campanha de 1989 e venceu a disputa na base da baixaria, escorado na edição do Jornal Nacional e com dinheiro jorrando do caixa 2 das transnacionais. Em compensação, a oposição sofrida e o abandono de seus ex-apoiadores esgotaram sua capacidade de governo. Mesmo nos piores momentos de FHC, o PT como estrutura partidária evitou embarcar em situações complicadas como a do Dossiê Cayman (tanto o falso como o verdadeiro) ou então abordar temas de ordem pessoal, como o da jornalista da Rede Globo, Miriam Dutra. Ressalto que é louvável a cultura politica brasileira que preserva a vida privada, dando ênfase na trajetória de políticos e candidatos apenas onde houver conflito de interesses com a coisa pública e o bem comum.

Particularmente entendo que a disputa eleitoral não deveria grassar pela baixaria. Mas, do ponto de vista estrito da atual oposição, ou a aliança de PSDB e PFL aponta o alvo para o presidente, ou então é melhor desistir da disputa presidencial. Se por um lado, a informação estratégica a respeito de ex-mulheres e ex-amantes é importante para uma campanha teatralizada, por outro, para a população isto não é nada estratégico. Até porque não implica em nenhum interesse irreconciliável sendo disputado. Ou seja, para a maioria dos brasileiros não passa de fábula folhetinesca de quinta categoria.

Com o intuito de aportar, minimamente, para este debate público, desejo ir além da baixaria de campanha e trazer alguns elementos conceituais. Traduzindo para linguagem corrente, trago algumas ferramentas e nos textos seguintes concluo a análise crítica oferecendo uma projeção de possível emprego destes conceitos. Este exercício seria parte de um treinamento básico para os eleitores, se e caso vivêssemos sob um regime de democracia participativa, direta e deliberativa. Isto é, justo o oposto do regime de mando indireto, delegativo e de hiato de representação. Assim, algumas informações básicas que em nossa opinião deveriam ser pauta obrigatória para os elementos de discurso dos candidatos são as seguintes orientações de governo:

• concessões públicas: os serviços concedidos pelo público através do Estado e sua necessária regulação; um exemplo são as concessões para canais de rádio e TV.

• instrumentos de política econômica: as fontes de receita e administração do Estado, a carga tributária, a aplicação do orçamento; como é o caso da muito aplicada e pouco discutida DRU, a Desvinculação dos Recursos da União, contingenciando verbas e canalizando-as para o esgoto da ciranda financeira.

• economia política e infraestruturas necessárias: os modelos de serviços e negócios aplicados área por área e suas necessárias cadeias produtivas; tal é a situação da cadeia de semicondutores e de microeletrônica, especificamente na urgente necessidade de fabricação de chips no Brasil.

• políticas públicas: as ações de governo para atender demandas da sociedade, universalizando o acesso a bens, serviços e oportunidades através de pesado investimento público; este é o caso emergencial da inclusão digital e do acesso a conteúdo e produção de informação.

Estes quatro conceitos operacionais e as respectivas informações correspondentes para sua execução no mundo real deveriam ser pauta da disputa. Este debate, assim como a matriz energética a ser aplicada em nosso desenvolvimento, a política externa do Brasil, o modelo agrícola e fundiário, dentre outros, seria informação estratégica para as maiorias do país. Uma vez que a campanha não passa por decidirmos nosso destino, mas somente alguma variável de um destino pré-traçado, o conflito antagônico que veremos é entre candidatos, e não entre propostas de fundo.

Quando a luta popular não pauta as decisões, nos resta apostar na capacidade de convencimento dos marketeiros de plantão. Se e caso Geraldo escutar seus aliados do PFL, a campanha pode ao menos ficar mais emocionante. Então, teremos a "alegria" de assistir passivamente a uma telenovela real, um choque indireto entre atores do quilate de Ricardo Sérgio de Oliveira e Eduardo Jorge Caldas de um lado, e Delúbio Soares e Paulo Okamotto do outro.

Do jeito que a campanha anda murcha, não teremos a disputa na forma da baixaria das acusações reais de Caixa 2, dentre outras irregularidades. Infelizmente, nesta arena também não vai entrar em jogo o destino do povo e do país.

15.

Cantinflas, Oscarito e Mazzaropi no palanque eletrônico

05 set. 2006

Conceitos-chave: O texto aborda a política comparada entre Brasil e México no que diz respeito aos escândalos reveladores dos nexos político-criminais, com variações de modelo de acumulação. Também a reprodutibilidade de comportamento político oligárquico, antes objeto de repulsa pública por uma parcela relevante da elite política brasileira. Termina comparando a campanha, quando ausente de informações estratégicas, a um jogo de espelhos e por vezes tragicômica.

A menos de 30 dias do primeiro turno, escutamos por todos os lados a mesma reclamação. A de estarmos acompanhando uma corrida eleitoral com recursos de marketing diminutos e ausentes de conteúdo. Ou seja, mesmo com cenário reduzido, a teatralização segue igual.

Durante a ditadura militar, quanto mais se reprimia, mais fantásticas eram as telenovelas da emissora líder. Na democracia minimalista brasileira, a fábula perde de goleada para a realidade. Assim, o horário eleitoral e a campanha midiática, recobram em mesmice e desmagnetizam a capacidade de exercício de mando do povo. Conforme é de sabedoria do senso comum, não vale um tostão furado os programas de governo apresentados para o Planalto e menos ainda para os governos estaduais. Apresentando plataformas e programas de faz de conta, as candidaturas apostam no pensamento mágico e na empatia para arrecadar os votos. Não funciona mais assim, nem aqui, nem em rincão algum de nossa América Latina.

Na maioria das vezes, a classe política nacional, muito zelosa de si, insiste em olhar para o Norte, mirando nos países de capitalismo desenvolvido como uma sorte de tipo-ideal. Olhassem ao sul do muro que separa o deserto de Sonora e a Baixa Califórnia da antiga terra de Aztlán, dominada e revendida na guerra com os Estados Unidos em 1848, e poderiam enxergar melhor aquilo que por aqui ninguém quer ver. Sim, estamos tratando da República Mexicana e da crise que encerrara a hegemonia do Partido Revolucionário Institucional (PRI), após 70 anos de poder contínuo.

No auge desta crise, sobre os escombros das investigações da Procuradoria Geral da República (PGR), dos agentes de serviços do PRI e os enlaces com o Cartel do Golfo, chegou a um momento que nenhuma pessoa sem acesso às informações sigilosas poderia compreender o que realmente se passava entre os mandatários do país. Raúl Salinas de Gortari, irmão mais velho do então presidente Carlos Salinas de Gortari (1988-1994), foi preso acusado de ser o executor de seu ex-cunhado, José Francisco Ruiz Massieu, assassinado em maio de 1994. Passados pouco mais de dez anos, outro irmão da trágica família, este de nome Enrique, foi encontrado morto com um saco plástico asfixiando-o. Passados mais três meses, Raúl sai da cadeia e termina inocentado do crime contra Massieu.

Infiltrações sem fim, cortinas de fumaça e corrupção a descoberto. A sociedade mexicana, atônita, compreendia não ter os instrumentos para poder analisar a política de seu país com base no jogo irreal. Simultaneamente, o Exército Zapatista de Libertação Nacional (EZLN) lança ofensiva contra o "mau governo" que assinava o Tratado de Livre Comércio (Nafta) e o novo governo estabelece as bases para o controle externo na Petróleos Mexicanos (Pemex), transformando-a em "paraestatal". Vale lembrar que os grupos de poder na interna do PRI quebraram seus acordos de procedimentos e literalmente, passaram a se matar. Massieu não foi o único assassinato público, incluindo também a morte de Luis Donaldo Colosio.

No meio da tormenta, com bombardeios midiáticos por todos os lados, mesmo os mais bem informados se viram perdidos. Exercendo humor refinado, o escritor e prêmio Nobel de literatura, Octavio Paz, ainda em 1994, de forma muito solene declarara: "Em meu país, a realidade superou completamente a ficção!".

No México, de trajetórias e biografias tão admiráveis de Ricardo Flores Magón, ninguém meteu a mão na cumbuca fecal e tudo ficou como estava. Garantida a transição pacífica, com um último suspiro priista no governo de Ernesto Zedillo (1995-2000), houve câmbio no modus operandi e no setor político mandatário. Ainda assim, as relações estruturais seguiram as mesmas. Hoje quem é acusado de fraudar eleições é o Partido de Ação Nacional (PAN), garantindo a Felipe Calderón (2006-2012) como sucessor de Vicente Fox (2000-2006).

No Brasil, de vidas também tão admiráveis como as lideranças negras – homens e mulheres – da Conjuração Baiana (1798-1799), os escândalos de 2005 revelaram a vocação da classe política brasileira em igualar-se por baixo. O grande público, sem estar de posse das informações estratégicas e dos jogos de poder imbricados, terminou por assistir a tudo como uma grande telenovela. Mais atraente, complexa e repugnante. O giro da comparação com a realidade mexicana, onde os fantasmas de Massieu e Enrique Salinas de Gortari ainda pululam é um intento de chamar a atenção para nossa própria realidade e condição de fazer política.

Com esse texto, concluo agora algo que seria uma oferta de ferramentaria de análise política. Sinceramente, muito gostaria de discutir a fundo as parcelas de poder real que são passiveis da decisão da maioria e as correlações de força necessárias para alcançarmos estas metas. Mas, reconheço, o senso de realismo me obrigou a girar o eixo do debate. Preferi apontar o exemplo mexicano para os leitores poderem ver como somos parecidos com os demais países que coabitam este pedaço de mundo invadido por Colombo, Cabral, Cortés e Pizarro.

Se os candidatos se dignassem a falar sério e não de forma tragicômica, apresentaria aqui um debate de fôlego. Uma vez que este tema não tem eco, me parece mais prudente atiçar a memória do eleitor, comparando o Brasil de 2005 com o México de 1994. Fossem outras as condições de organização do povo brasileiro, e a classe política se veria ameaçada em sua própria condição de elite especializada. Como a ex-esquerda igualou-se a velha direita, ajudando a desorganizar a esquerda na sociedade, este jogo de 1º de outubro já tem vitorioso.

Adoraria debater ideias e propostas de regulação social das concessões públicas para usufruto da maioria dos brasileiros; de orientação para o bem comum da política econômica; de uma economia política em escala, aumentando nosso grau de soberania e autodeterminação; da implantação de uma rede de infraestrutura microrregionalizada e adaptada às condições dos biomas do país; e de urgentes políticas públicas de inclusão e treinamento para nossos milhões de jovens atingidos pelo subemprego estrutural.

É duro admitir, mas o atual modelo de Estado neoliberal não é para isto, tanto na sua versão de capitalismo periférico como desenvolvimento parcial como no período tucano, de integração transnacional subordinada. Os recursos dragados pelo botim impositivo (incidindo sobre o salário e o consumo) escoam pelo ralo, alimentando os serviços da dívida e aumentando o capital de quem já tem o bastante para, em tese e noutras, se autofinanciar. O debate de fundo é de modelo e não de palanque. Portanto os atores que contam têm duas falas, uma pública e outra oculta. Sendo assim, a fala de coxia é a válida, o resto, bem o resto é apenas o resto.

Já que tomei a ousadia de comparar as mazelas político-criminais de Brasil e México, faltou apenas um detalhe. A fala vazia dos candidatos está há anos luz de distância das esquetes de cômicos profissionais e de talento. O palanque como está se aproxima de um falso picadeiro.

Sendo assim, era preferível ver atores realmente populares, tais como Cantinflas (mexicano, de nome Fortino Mario Alfonso Moreno Reyes, 1911–1993), Oscarito (hispano-brasileiro de nome Oscar Lorenzo Jacinto de la

Inmaculada Concepción Teresa Díaz, 1906–1970) e Mazzaropi (Amacio Mazzaropi, brasileiro, 1912–1981).

16.

A reforma política estrutural

12 set. 2006

Conceitos-chave: O texto aborda temas como carreiras políticas, controle público sobre a classe política (entendendo esta como elite dirigente semipermanente que se constitui como fração de classe dominante); aponta a necessidade de reforma política estrutural, incidindo sobre os cargos eletivos e as nomeações, demandando um rodízio permanente para todas as funções. Para tal retoma o debate do mandato imperativo para evitar que a carreira política seja o trampolim para a mobilidade social numa sociedade capitalista. Ao abordar os efeitos da interpretação do conceito de habitus, aponta o papel da estrutura como quase determinante no comportamento político e o sentido de pertencimento dos atores individuais, incluindo o descontrole destes apesar de vínculos com as instituições coletivas às quais estariam vinculados.

Seguindo na lógica de propor um debate franco e ousado, vamos abordar o estatuto da representação. Não nos referimos especificamente à diferença de mandato no Legislativo e no Executivo, e sim a própria ideia de representação social. Desde a reeleição de FHC em 1998, se discute com alguma intensidade a reforma política. Os debates, reconhecidamente casuísticos, assim como as regras de última hora, não atingem o problema no seu centro nevrálgico. Nossa intenção aqui é manter a capacidade proativa de gerar polêmica e, a partir desta, buscar soluções.

Sabemos que o pleito se avizinha (eleições gerais de 2006) e não temos intenção de fazer manobra diversionista. Tampouco queremos apoiar uma espécie de "ausência no debate político". Justo ao contrário. Reconhecemos a capacidade prognóstica de nossos colegas de análise, estejam na academia, na mídia, em consultorias ou escritórios de campanha. Também fazemos projeções eleitorais, mas gostaríamos de chamar para um debate de fôlego.

Em um programa televisivo que participei com um representante nacional da OAB, me dei conta de que a ideia de classe política (como uma elite dirigente que se torna em fração de classe dominante) estava "naturalizada" em minha própria formulação. Por mais que eu fizesse críticas, este conceito não escapava nem de meu discurso e nem das formulações. Num determinado momento do programa, afirmei ser o comportamento político dos congressistas como os de uma classe, com *habitus* (no conceito de Bourdieu), expectativa, concepção e projeção social assemelhada. Meu colega de debate, com muito cuidado e elegância, fez um comentário preciso.

Não me recordo das palavras exatas, mas a ideia central de seu comentário era justamente a naturalização da existência de classe política. Ou seja, como e porque nossos representantes se autorregulam, isolam-se das bases que os indicaram; na prática não respondem por crime comum e terminam por serem os maiores responsáveis pelo atual descrédito do instrumento democrático? Passado o programa, o tema ficou na cabeça, literalmente perturbando cada um dos trabalhos diários, vinculados ao mundo da política, que felizmente tenho a oportunidade de realizar.

Para complicar, um dado nos assombra. A renovação do Congresso e das instâncias parlamentares é da ordem de 50% a cada eleição. Isto é, não é por falta de mudança de atores individuais, que a estrutura de representação não se altera. Para não me perder na formulação, busquei alguma base naquilo que já existe. Parti do princípio da crítica ao estatuto da reeleição, como forma de permanência de uma elite especializada. Um leitor atento vai me dizer que a reeleição é novidade para presidente, mas já está fincada na tradição dos parlamentos nacionais. É verdade, e no meu entendimento, é justamente aí que reside o centro do problema.

Uma das características de um comportamento de classe dirigente é seu instinto de sobrevivência, a permanência de costumes e formas arraigadas de exercício de poder. Tentando desconstruir a ideia de "classe política", me parece óbvia a necessidade de terminar com a expectativa de se fazer uma carreira política de forma ininterrupta. A democracia concebida hoje pode ousar e muito das formas experimentais. Uma delas é a aplicação de formas não burocráticas. Na prática isso significa alternar a representação, tanto no Executivo como no Legislativo, aumentar a participação cidadã e criar uma regra que obrigue a alguém que for eleito para um mandato, passar quatro anos na função e os outros quatro nas mesmas condições de vida de sua profissão de origem.

Se eu fosse fazer a crítica desta proposta, diria ser interessante, mas as elites políticas defenderiam suas carreiras através das indicações entre mandatos. Vamos supor: um deputado eleito em 2006 cumpriria o mandato até 2010 e nos anos seguintes, teria um cargo comissionado (CC) de algum outro colega. Este mecanismo só poderia ser combatido através de outro, ainda mais duro que o primeiro. A proibição de reeleição teria de valer também para as indicações. Isto é, nenhum cidadão poderia exercer uma função pública por mais que quatro ou cinco anos seguidos. Estas seriam, a princípio, o exercício de 1°, 2° e 3° escalão de governo, incluindo o Parlamento, o Executivo, os CCs e as funções gratificadas (FGs). As últimas são próprias do serviço público, e na prática, funcionam como um trampolim político desestimulando os servidores de carreira e minando o poder da sindicalização da mão de obra concursada.

Mesmo sabendo que uma proposta como esta soa como espartana, portanto antipática, afirmo que toda reforma estrutural dói, e muito, especialmente nos seus beneficiados diretos. Quando se discute a reforma política, o debate gira em torno de fórmulas e mecanismos. Não sou de todo contra a engenharia política, mas creio que o recheio é tão importante quanto a massa do pastelão. Assim, não basta discutir a regra, se não mudarmos a mentalidade e as expectativas dos operadores políticos. Considerando que a "consciência republicana" é artigo em escassez no mercado, nos resta aplicar uma forma de impedir a ideia da carreira do profissional da política.

Poderíamos discutir, e bem, as vantagens do mandato parcialmente imperativo, que é o contrário do atual mandato delegativo. Mas antes de entrar nesse tema, a urgência é outra. A ideia básica de carreira política tem sua relação direta com a de mobilidade social. Quando alguém "entra na política", imediatamente abre mão de fazer política entre os seus, usurpando para si redes de relações e vínculos sociais, todas de construção coletiva. Se o intuito do parlamentar fosse somente o de representar um setor da sociedade, ele/ela não se importaria em exercer o mandato coletivo e posteriormente voltar para sua base social. E não é isso o que ocorre.

Um comentário recorrente entre eleitores é o fato de que "fulano não mudou, ainda é um sujeito simples, fala com a gente de igual para igual". O que era para ser obrigação, pela falta desta, torna-se virtude. A ideia de fundo, atravessando a mentalidade do brasileiro médio, é a de que a "vida política gera mobilidade social". Mobilidade esta, somada ao fetiche do poder, e considerando que vivemos em uma sociedade de classes, em geral é para cima. Para frear isto, a própria sociedade teria de obrigar aqueles que quisessem tentar o exercício de funções públicas a retornar para suas funções de origem, antes de serem eleitos.

Nas três primeiras décadas do século XX, o sindicalismo mais combativo tinha um mecanismo parecido. Durante o período que os dirigentes sindicais exerciam suas funções, seus vencimentos eram os mesmos de um operário de fábrica na sua profissão de origem. Terminado seu mandato, o sindicalista necessariamente voltava para sua base por igual período, em que exercera a função dirigente. Assim, a própria estrutura combatia o surgimento de burocratas hiperespecializados, e se obrigava a formar novos militantes. Estamos falando de um setor social, que na época trabalhava 12 a 16 horas por dia, em sua grande maioria alfabetizado nas escolinhas do sindicato e cujos líderes eram alvos de perseguição patronal permanente. Detalhe, naquela época, ainda não existia imposto sindical, nem Ministério ou Justiça do Trabalho.

Voltando ao mundo da representação política do início do século XXI, vemos tudo ao inverso. Os operadores da política revezam-se nas funções, mas poucos retornam para as bases do setor da sociedade que o elegera. Tornam-se de fato os "eleitos", oscilando entre CCs, ministérios, secretarias, governos, presidente, governadores, prefeitos ou gabinetes. Do jeito que a coisa vai, sem um mecanismo de controle social da representação, o distanciamento entre políticos profissionais e a sociedade desorganizada será cada vez maior.

Em tese a premissa é simples. Qualquer um que exerça função pública tem por obrigação, passar o mesmo período sem poder exercer nenhuma função de mandato ou de confiança. É de se pensar algumas formas compensatórias, considerando que um político nestas regras seria alvo de maior controle social, portanto, iria incomodar a mais gente. O mais importante é quebrar a continuidade nas funções-chave do Estado, desassociando a participação da ideia de carreira política, cujos dividendos incluem a especialização e a mobilidade social.

Esta seria outra reforma política, dotada de medidas estruturantes e não simplesmente contemplando o "afundar progressivo" da democracia brasileira. Noutras ocasiões voltaremos ao tema, complexificando exemplos e cenários. Reconheço que o assunto é difícil, mas não imagino nada mais urgente para o combalido regime vivido por nós.

17. Desvendando conceitos da política (1): sistema de espólio e regras informais

11 out. 2006

Conceitos-chave: O texto trata da definição conceitual dos partidos/organizações políticas. Organizações políticas são associações voluntárias, com afiliação individual e alguns parâmetros comuns, tais como: programa, forma de funcionamento interno, níveis de incidência, métodos validados pela própria estrutura, campo de alianças, base ideológica. Os itens acima podem variar segundo a organização, o regime, o momento do regime, a sociedade, o sistema político e as regras formais e informais aplicadas. Também debate o sistema de espólio dentro das regras, observando o mecanismo de indicação de CCs e FGs.

Admito, não sou especializado em RH nem em administração, digo isso para adentrar em um debate de fundo. Entendo que possa dar uma contribuição agregando um diferencial de conteúdo, especificamente voltado para o treinamento e estruturação interna de organizações de cunho político. Gostaria assim de abrir uma forma de diálogo com os leitores, aproximando temas da atividade "cinza-chumbo", que é a lida política em um país de democracia inconclusa e cujas regras do jogo são, a todo o momento, alvo de manobras e derivações casuísticas. Assim, para iniciarmos bem, é preciso determinar de forma precisa dos objetos que estamos tratando.

Afinal, um leigo ou desinteressando, pode se perguntar, e de forma legítima, o que é e de que tratam os partidos/organizações políticas? Muito grosseiramente, organizações políticas são associações voluntárias, com afiliação individual e alguns parâmetros comuns, tais como: programa, forma de funcionamento interno, níveis de incidência, métodos validados pela própria estrutura, campo de alianças, base ideológica. Os itens acima podem variar segundo a organização, o regime, o momento do regime, a sociedade, o sistema político e as regras formais e informais aplicadas.

Um exemplo nítido de regras informais que tomam ares de "instituição" no Brasil é o caso dos cargos em comissão, ou cargos de confiança, popularmente conhecidos como CCs. Tecnicamente, o conceito aplicado pela toma de posse dos recursos do Estado pelas novas administrações eleitas, é conhecido como "sistema de espólio". Este implica na ocupação de postos-chave pela coligação escolhida pelo voto, e segundo critérios variados.

Na interna do ambiente da administração pública, especificamente nos servidores de carreira, o equivalente aos CCS são as funções-gratificadas, ou FGs. Com CCs e/ou FGs temos um grande dilema que são o volume de encargos e os critérios para esta convocação. Até este ponto, a promoção de servidores ou indicados de confiança dos operadores políticos profissionais é algo questionável, mas o problema não para por aí.

Uma das regras informais que vem sendo duramente combatida na vida republicana é o chamado nepotismo. Do que se trata? Simplesmente da indicação de pessoas com parentesco até o 3º grau, para a ocupação de CCs ou FGs da administração pública, dos poderes constituídos, autarquias e estatais. A apropriação dos recursos públicos pelo Estado, e através deste para os consórcios econômico-político-eleitorais (em regime democrático), é algo estrutural na república brasileira. O que isso significa? Tem o sentido que é da própria constituição do Estado brasileiro, iniciado nas empresas das Bandeiras de São Paulo de Piratininga e antes nas Capitanias Hereditárias, do chamado patrimonialismo.

Para romper com o sistema de espólio e as regras informais do nepotismo seriam necessários uma pressão da sociedade e um pacto de comportamento dos operadores políticos. Óbvio que nenhum pacto funciona se não for substantivo, com a mudança de regras sendo acompanhada com uma distribuição de poderes. O país já vivera uma abertura lenta, gradual e restrita, iniciada em 1974, onde fizeram o bolo crescer, o fermento virara em dívidas e só foram distribuídas as fatias da maxidesvalorização do cruzeiro em 1983. Na reforma partidária que acompanhou a mesma abertura, ficou desenhado o sistema político de hoje. A observação lógica é empírica, pois o fruto nunca cai longe do pé.

Voltando às regras informais e a capacitação dos eleitores, temos uma indicação de conduta imediata. Um bom exemplo do que estamos tratando pode ser o acompanhamento da formação dos gabinetes dos parlamentares estaduais e federais eleitos no último dia 1° de outubro. Verifiquem quais os critérios, a que grupos de interesses atendem os indicados, quem os indica e os porquês? Afinal, trata-se de nosso dinheiro e da vontade política da população delegada a um operador político. Montar a equipe de trabalho com critérios justos, lógicos e funcionais é um espelho da forma de fazer política deste indivíduo e de sua agrupação.

O mais sadio para a vida republicana seriam regras formais que cortassem 70% dos CCs e dos FGs. Ao mesmo tempo, a extinção imediata do nepotismo e a substituição de todos os cargos por indicação pelo salutar mecanismo do concurso público. Esta é uma meta que a sociedade, caso conquiste, fará apesar dos operadores políticos.

Concluído o 2° turno, entre novembro e dezembro, se dará uma corrida maluca ao pote de ouro. Ficar atento e fiscalizando é um primeiro passo para estabelecer regras formais mais justas, ajudando assim a democratizar a própria democracia.

18.

Duplo discurso e reboquismo

17 out. 2006

Conceitos-chave: O texto buscar variáveis explicativas para o reboquismo. Incluindo a própria concepção de atrelamento de classe; a guerra de posições no interior da burocracia; a ideia de sociedade civil pendendo para o terceiro setor substituindo ao movimento popular; a noção de complementaridade e não de antagonismo; o posicionamento excessivamente defensivo dos setores populares ainda organizados; e o tema da identificação. Neste quesito trabalha com a identificação do eleitorado segundo as clivagens clássicas (por ingresso e renda), sendo que os acórdãos de governabilidade passam por acertos entre parcelas de elites dirigentes e frações de classe dominante.

Na semana posterior ao domingo de 1º de outubro (primeiro turno das eleições gerais de 2006), uma série de alianças e articulações começaram a se concretizar. A rotina é comum; os dois candidatos para presidente seguem em busca do espólio dos derrotados e, concomitantemente, costuram alianças estaduais. Aproximações e promessas são acompanhadas de negociações por postos-chave e parcelas do orçamento da União. Justiça seja feita, aliança programática nem Lula (concorrendo à reeleição pelo PT) nem Alckmin (então candidato pela primeira vez à Presidência pelo PSDB) estão fazendo.

Ao contrário dos operadores políticos profissionais, os investidores das campanhas e os grupos econômicos que são seus sustentáculos, se portam discretamente. A elite dirigente nacional, concorrente aos postos do Estado, tem no comprometimento público sua moeda de troca com o eleitorado. A discrição implica assegurar as garantias necessárias para acordos velados serem executados a contento. Depois da experiência de Collor de Mello, os políticos brasileiros sabem o alto preço a ser pago caso rompam estes acordos.

Outro tipo de acordo costuma ocorrer, este de forma pública, mas quase nunca chega a ser executado de forma rápida. Na outra ponta do tecido social, em tese, estariam localizadas as entidades de classe que conformam o conjunto dos movimentos populares. No Brasil pratica-se pouco a independência de classe, conceito operacional que implica o não comprometimento das estruturas orgânicas dos movimentos com uma ou outra candidatura. O conceito contraditório da independência de classe chama-se atrelamento das bases sociais organizadas. Já a história recente de nosso país cunhou outro termo para este fenômeno político-social. É o chamado reboquismo, de marcante passagem pela crise da república entre a Campanha da Legalidade de 1961 e o golpe militar de 1º de abril 1964.

Em outros países da América Latina, por vezes, movimentos diversos servem de força social que impulsiona algum projeto político limitado pelo jogo eleitoral. Buscando a tipificação desse fenômeno, este costuma ter quatro variações. Na direita do reboquismo atuam os setores diretamente vinculados ao aparelho político, sustentáculo da candidatura e do projeto de poder. Ao centro costumam se posicionar os setores de apoio crítico ao candidato e ao processo como um todo. Mais à esquerda, agrupações sociais que não se posicionam a favor nem tampouco fazem campanha contra uma determinada candidatura. Na extrema-esquerda operam setores sociais com plena independência de classe e que não participam de nenhuma etapa da corrida eleitoral. O detalhe a ser lembrado é o fato de que nos exemplos acima, se tratariam de candidaturas com interesse estratégico para a classe organizada.

O exemplo mais gritante de contradição dentro do mesmo tecido social, hoje começa a ocorrer na Bolívia governada por Evo Morales. Tanto o partido do governo como o próprio chefe de Estado, assim como seu primeiro escalão, tem sua origem em bases sociais organizadas. Ainda assim na primeira situação em que se viu emparedado, por um setor dos trabalhadores, Evo não titubeou. Convocou outra parcela de movimento popular, diretamente vinculado às conquistas proporcionadas pela vitória eleitoral, atirando povo contra povo sem nenhum ressentimento. Para a satisfação da oligarquia cruceña (do departamento de Santa Cruz de la Sierra), do Departamento de Estado dos Estados Unidos e das transnacionais da mineração, a ferida aberta custará a cicatrizar. Mesmo com a nacionalização dos hidrocarbonetos, a unidade popular está ameaçada pelos choques de lealdades entre governo e independência de classe.

Dúvidas conceituais permanecem a partir do exemplo boliviano. Qual interesse estratégico os movimentos estão defendendo? É possível ter uma definição estratégica sem autonomia da decisão política? Para a primeira questão, a tendência é que o instinto de preservação do mandato termine por suplantar os interesses de autodeterminação indígena e popular, bandeiras ancestrais dos povos da Bolívia. Na segunda questão, a resposta definitivamente é não. Interesse estratégico implica necessariamente em instâncias de decisão política desatreladas da democracia delegativa representada nas candidaturas.

Admitindo que o governo Morales, em termos de interesse nacional e popular, está há galáxias de distância do mandato de Lula, acreditamos que exista alguma correlação. Não nos referimos às realizações de governos, mas sim ao reboquismo dos movimentos populares de ambos os países.

Voltando ao caso brasileiro, reconhecemos a ausência de programas estratégicos que fundamentem, de forma lógica e racional, o apoio dos setores de classe organizados a uma ou outra candidatura. Reiterando a afirmação, os setores mais lúcidos do movimento popular do Brasil admitem haverem mínimas margens de manobras do governo para mudar o constrangimento estrutural do Estado. Ou seja, em bom português, pouco ou nada está em jogo. Assim sendo, quais motivos levam ao reboquismo de movimentos como os afiliados da Via Campesina e seus aliados urbanos, como o Movimento de Trabalhadores Desempregados (MTD) e o Movimento Nacional de Luta pela Moradia (MNLM)?

Admitindo que entre as duas chapas a diferença existente é apenas de matiz, é preciso buscar variáveis explicativas para o reboquismo. Algumas são visíveis, dentre outras, a própria concepção de atrelamento de classe, a guerra de posições no interior da burocracia, a ideia de sociedade civil pendendo para o terceiro setor substituindo ao movimento popular, a noção de complementaridade e não de antagonismo, o posicionamento excessivamente defensivo dos setores populares ainda organizados, e, sem dúvida, o tema da identificação.

A julgar por seu programa, o voto e o apoio a Luiz Inácio só se justifica em função de sua origem de classe e o tipo de identidade política gerada a partir desta. O mapa eleitoral é definidor neste sentido. Lula é maioria nas classes C, D e E. Ou seja, a partir de critérios discutíveis de Índice de Desenvolvimento Humano (IDH), representaria os que estão abaixo da linha de pobreza, os pobres e a chamada baixa classe média. A oscilação da mobilidade entre estes setores de classe gera uma profunda insegurança e ideia de futuro imediato. O fato é que estes brasileiros identificam-se com alguém de trajetória parecida com as suas.

Por padrões socioeconômicos, o dígito 13 na urna eletrônica representaria uma relação de interesse direto com políticas mínimas de distribuição de renda. Isto, apesar da corrupção, tão endêmica quanto nos oito anos anteriores, além de uma condução ortodoxamente neoliberal, na continuidade do mandato dos tucanos Malan-Meirelles. Esta é uma variável explicativa perfeitamente aceitável. De forma direta e objetiva, estes setores, desorganizados, pulverizados, identificam no atual governo uma singular melhora. Para quem está organizado, ao menos no dito campo de esquerda dos movimentos populares, não há nenhuma relação lógica de apoio a um ou outro candidato. Ou seja, este voto é de concepção reboquista, de vínculo e atrelamento de uma proposta de governo, com o aparelho de Estado e a condução de lutas cada vez menos protagonizadas por quem deveria estar à frente delas.

Identidade e lealdade com a trajetória política também está influindo na reta final da campanha. A Rede Globo, por mais beneficiada que tenha sido por polpudos empréstimos do BNDES a fundo perdido, começa a roer a corda. A Banca vacila apesar de seus lucros recordes nos últimos quatro anos. As transnacionais veladamente torcem por Geraldo, apoiando no que for possível, mas com o cuidado de não chegar a se comprometer. O próprio agronegócio, parcialmente satisfeito com a gestão de seu ministro Roberto Rodrigues, não brande a bandeira da aliança do PSD com a UDN pós-moderna, mas ajuda no que pode. Capitaneando o voo tucano, dando a cara, está o empresariado de São Paulo à frente de 40% do PIB nacional, forçando uma campanha ainda mais "paulistocêntrica".

De forma pública ou velada, a trajetória política vai definindo o voto dos setores organizados da sociedade. Voto este, divorciado do interesse estratégico e com choque de lealdade entre a classe e a governabilidade.

19.

Reflexões da república mal iniciada

15 nov. 2006

Conceitos-chave: O texto aborda o problema das transições negociadas e a pressão do estamento militar com ideologia positivista como sendo fundamental para a proclamação da república; também observa como este fator dissocia a luta republicana das lutas sociais e torna o desenho institucional do país pouco inclusivo até o presente momento, onde o modelo de desenvolvimento. Para tal exemplifica nas guerras camponesas ocorridas na República Velha, citando especificamente as revoltas de Canudos e Contestado.

No dia do golpe de Estado que derrubara um Império caduco, o país celebra a proclamação de sua república tardia. Os movimentos republicanos, de fato e de direito, com a convocação dos setores excluídos da sociedade escravocrata, haviam ocorrido de 70 a 50 anos antes. Nossa república não nasce de um apelo por nacionalidade, mas sim de um recâmbio na interna da classe dominante e do funcionalismo público e militar residente na sede do Império, o Rio de Janeiro dos tempos de Machado de Assis.

Após a crise de representatividade e legitimação dos poderes vividos em 2005, tudo terminara nas urnas como se esperava. O dia 15 de novembro, em 2006, termina por refletir a pasmaceira da república que surgira após a vitória do Império, do centralismo e da escravidão por sobre os alçamentos republicanos anteriores. Iniciados nas conjurações baiana e mineira, os povos do Brasil e então do Grão-Pará atravessaram situações limite em levantes como a Confederação do Equador, a Balaiada, a Sabinada, a Cabanagem, os Malês e a Praieira; dentre outras.

A república nascera da espada e se confrontara com o povo, não nas praças, onde atônitos, os populares viram no Campo de Santana ao marechal proclamar a liberdade das instituições do jugo imperial. Viram sim, o positivismo francês se defrontar com o sertão adentro, na guerra camponesa de Belo Monte e Bom Conselho. Em Contestado, outra vez mais nossa republica se viu desafiada por aqueles que estavam além das margens dos trilhos da ferrovia inglesa, financiada com recursos do tesouro do estado do Paraná.

Há que se reconhecer que a estrutura "republicana" tem muito pouco de coisa pública, de res publica, conforme aprendemos e reproduzimos nas instituições e programas de "excelência" país afora. Como afirmara o cronista oficial da quartelada de 15 de novembro, o jornalista Aristides Lobo (1838-1896):

"E o povo bestializado assistira a parada militar que proclamava a tal de república!".

20.

Desvendando conceitos da política (2): referência e gravitação

22 nov. 2006

Conceitos-chave: O texto aborda basicamente dois conceitos. Referência: em política é o balizamento que o público em geral e o entorno de uma organização aplica para uma determinada ideia ou pessoa. No momento, a referência conceitual analítica para as questões sociais é a ideia gramsciana de sociedade civil, sociedade política/Estado e sociedade econômica/Mercado. Já a Gravitação seria: a capacidade de autonomização de uma ideia ou de um campo de forças em detrimento de outro, obviamente com aplicação na política e nos temas do bem comum através das intenções alegadas de um bom governo. O texto também aborda a dimensão do ator político individual ou um agente coletivo, e a pressão externa através da opinião publicada incidindo na percepção da opinião pública.

Volto a este tema mantendo o intuito de contribuir para o empoderamento dos leitores e estudantes. Explico. Com a correta carga de informação, torna-se possível operacionalizar conceitos de análise. Estes, no meu modo de ver, são conceitos analíticos e operacionais. Aliás, uma analogia correta, é comparar aos conceitos como uma caixa de ferramentas. Seu uso, tal como a ferramentaria de um operário especializado, varia de acordo com a circunstância, possibilidade e demandas.

Um debate interessante de ser aplicado é o que mescla duas ideias relacionadas. São elas: a referência e a gravitação. Comecemos pela primeira. Referência em política é o balizamento que o público em geral e o entorno de uma organização aplica para uma determinada ideia ou pessoa. No momento, a referência conceitual analítica para as questões sociais é a ideia gramsciana de sociedade civil, sociedade política/Estado e sociedade econômica/Mercado. No entrevero da sociedade civil, entra no mesmo bojo associações de cunho classista, cultural e corporativo. E, operando sobre a sociedade civil, uma nova escala de intermediários, chamadas de redes de terceiro setor.

Resultado do múltiplo referencial é o uso difuso de um conceito que não se torna operacional. A ideia de balizamento é interessante e mais visível. Um determinado dirigente político pode ser referencial para um grupo. Muitas vezes, a referência externa, para o grande público, não revela a correlação de forças na interna daquela agrupação. Ainda assim, é costume escutarmos que quando o "Fulano" fala, entende-se que o total daquele movimento ou partido está emitindo opinião. Isto pode, inclusive, representar uma intenção no sentido contrário.

É costumeiro o uso da opinião do entorno para influenciar o ambiente interno de uma agrupação. Com a presença da mídia, aumenta-se a referência externa, apontando para dentro posições muitas das vezes, sequer discutidas. Quando vemos os cardeais do Congresso declarando opiniões "pessoais", na maior parte das vezes, eles estão utilizando seu peso gravitacional para tornarem-se referenciais em temas delicados ou de seu interesse direto. A arte da declaração é fundamental no jogo político, por dentro ou por fora das regras formais.

Quanto maior a capacidade de referenciar a posição dos demais, maior será o peso gravitacional de um ator político individual ou um agente coletivo. A opinião pública é constantemente abalada por opiniões ou posturas prévias de um ou mais agentes com muita gravitação. O mesmo se dá com indivíduos. A cristalização de lideranças leva a um maior número de pessoas a buscarem neste ou naquele dirigente/político profissional a capacidade de interlocução ou mediação de conflitos. Assim, se desmagnetiza a força coletiva, passando a ter mais poder e presença a estrutura que gira em torno de um operador político.

Nos partidos de esquerda parlamentar e institucional, este fenômeno é corriqueiro e ainda mais sentido do que nos clássicos operadores individuais de direita. Quando um militante sindical sai indicado para dirigente de sua categoria, torna-se conhecido. Assim, pode canalizar esta referência entre milhares de pessoas, nos momentos de mídia e na centralização decisória como capital político para sua corrente ou facção. Ao longo do tempo, esta referência pode ser aplicada em uma candidatura parlamentar. Uma vez eleito, a tendência à autonomização do mandato e das vontades políticas do operador é um destino manifesto.

Como contrabalançar o peso de referência e gravitação de um indivíduo em relação ao coletivo de origem é um dos entraves da representação democrática. É consenso entre os cientistas políticos referenciados nas experiências concretas da América Latina que a democracia como está é um regime fadado a levar as maiorias a sentirem-se frustradas e céticas. Um dos motivos é a absorção de seus líderes históricos para outra lógica de comportamento de classe. É como se o político passa-se a pensar como agente de sobrevivência pessoal e não com delegação de uma parte do povo para seus interesses defender.

A contabilidade nas finanças públicas deveria ser acompanhada não apenas na fiscalização sobre políticos profissionais, mas por mecanismos de decisão concorrentes e complementares. Somente com dotação orçamentária e conselhos municipais participativos e com condições reais de decidirem é que atingiremos um primeiro passo para ser a instância coletiva, e não os indivíduos, a referência da sociedade.

O mesmo se dá na gravitação política. A reforma política das listas fechadas não é a panaceia da democracia e nem solução para nada. Uma saída viável é assumir que os mandatos pertencem ao partido e não ao indivíduo. Assim, se corta ou dificulta a capacidade de autonomização do representante transformado pela força da delegação coletiva em gestor público. Pouco a pouco, a gravitação pode ir migrando para a opinião pública se começamos a aplicar um sistema de plebiscitos para as decisões mais importantes.

Passar a referência e a gravitação política dos indivíduos para os coletivos organizados é aumentar a eficácia da democracia em nosso país e Continente.

21.

Governabilidade e outros temas

28 nov. 2006

Conceitos-chave: O texto aborda como conceito fundamental a ideia de governabilidade e os acórdãos necessários para atingir essa meta, independente desta ser legitimada ou não, desde que represente algum grau de acerto entre os poderes complementares da república e aceitação de parcela relevante dos agentes com poderes de veto. A governabilidade implicaria um equilíbrio de forças dentro dos operadores-chave do sistema político, instituições centrais e classe dominante na pirâmide social. Também revela o elogio da mentalidade colonizada, com o elogio ao mimetismo das transições políticas sem pactos substantivos. Esse fenômeno manifesta o colonialismo científico, impondo paradigmas com desenhos societários distintos. Aborda, por fim o conceito do conceito, afirmando que o conjunto do corpo conceitual pode ser comparado a uma caixa de ferramentas. Seguindo na analogia, estas têm de ser sempre apropriadas às manualidades e a técnica, que aplicadas nas necessidades, geram a primeira forma de tecnologia. Afirmação de um pensamento nativista e popular como ideia-pensável primordial.

O Brasil tem a triste sina de reproduzir, através da indústria de signos e sentidos chamada grande mídia, uma série de conceitos perfeitamente falsificáveis. Um deles, sempre em voga quando se negociam postos e funções no sistema de espólio pós-eleitoral, é o famoso conceito de "governabilidade". Esta seria, em tese muito distante da realidade, um equilíbrio de forças dentre os agentes do sistema político.

Seguindo a governabilidade dentro do ambiente estritamente político - como se isto fosse possível - viria um segundo equilíbrio. Isto é, uma distribuição mais ou menos equidistante de possibilidades entre os interesses representados e as instituições correlatas do Estado e da sociedade. Em termos chulos, a governabilidade ao estilo brasileiro se caracteriza por duas funções:

- a capacidade de "canetear" uma lei, ou medida-provisória, ou qualquer interesse direto transformado em algo mais ou menos legal;
- a dotação orçamentária.

A segunda capacidade se aplica na correlação de forças na interna do ambiente brasileiro e restringida pelos devidos contingenciamentos proporcionados pelo governo de fato do Conselho de Política Monetária (Copom, órgão do Banco Central do Brasil) e o dono da chave do cofre do caixa único do Tesouro Nacional. Este, mantendo o padrão histórico, segue aberto aos juros promovidos pelas instituições financeiras assim como os ingleses no início do século XIX abriram nossos portos para as "nações amigas".

Na origem de tudo, está a mentalidade colonizada. A política brasileira incorpora ciclicamente os jargões advindos do receituário conceitual aplicado nos países de capitalismo central. Inúmeros conceitos chegam aqui da mesma forma que as caravelas e os navios negreiros. Como é sabido, nem os invasores lusos nem os sequestrados africanos vieram para a Terra de Santa Cruz a passeio. Com a carga conceitual "importada", o procedimento é o mesmo.

O que se produz de "científico" nos países centrais tem a capacidade de impor-se como "universal". Já os saberes incorporados na universidade da periferia e semiperiferia do sistema mundo é taxado pela metrópole de: regional, local, conteúdo "complementar", exótico dentre outras caracterizações colonialistas.

Ao incorporar conceitos de forma indiscriminada, as elites dirigentes e acadêmicas nacionais proporcionam o aumento da esquizofrenia de nosso sistema político. Afinal, o conceito só é conceito se for operacional. Como já afirmei aqui seguidas vezes, o conjunto do corpo conceitual pode ser comparado a uma caixa de ferramentas. Estas têm de ser sempre apropriadas às manualidades e a técnica, que aplicadas nas necessidades, geram a primeira forma de tecnologia.

Se uma ferramenta não serve para trabalhar, então qual será sua serventia? Seguindo na analogia, se um conceito não se aplica em nenhum caso de nossas sociedades brasileiras, para que incorporá-lo como forma de análise? A resposta, por incrível que seja, é o fato do conceito não existir para ser conceito e sim como afirmação de elemento de discurso.

Desenvolvendo esta ideia, imaginemos um aparato tecnológico sem condições de ser aplicado no parque industrial de nosso país. Mas, ao mesmo tempo, esta forma do estado da arte da tecnologia específica, tem como função básica de quem o produziu afirmar a distância entre centro e periferia do sistema mundo. Assim, o tipo-ideal é marcado pelas idealizações de terceiros, outros, não por coincidência, os maiores interessados e responsáveis de nosso próprio atraso tecnológico.

Os reprodutores desta idealização desejável são aqueles com a mentalidade de metrópole, atuando como "maquiadores" do pensamento central nos países receptores da "ciência". Em um trabalho clássico de Alberto Guerreiro Ramos (1915-1982), ele próprio um dos troncos de sociologia autóctone, caracterizava estes "sábios" de esquizofrênicos. Segundo Guerreiro, a esta parcela de elite local cabe cumprir um duplo papel. Numa das pontas, eles e suas redes de lealdades e interesses fazem o elo entre os mundos. Trazendo em alto e bom som, no idioma e na lógica linguística do invasor, a mentalidade a ser incorporada. Na ponta de lá, são meros reprodutores de terceiro escalão, úteis em áreas de interesses dos capitais transnacionais cruzados e suas agências e fontes de financiamento.

Na ponta de cá a função é de coronelismo e feitoria do pensamento brasileiro e latino-americano. Reproduzindo uma a uma das ideias-guia do novo pensamento único, repetindo em todo o momento a máxima de Dama de Ferro, Margaret Thatcher: "Não há alternativa!", dizia a primeira ministra do Partido Conservador ainda em 1979.

Estes operadores intelectuais defendem à morte a inserção subordinada do Brasil e da América Latina ao sistema mundo. Afirmando isto, manifestam sua própria característica de pensamento dual, subordinados fora do país e subordinantes em territórios já antes invadidos por Borba Gato, Jerônimo Leitão, Nicolau Barreto, Domingos Jorge Velho, Bartolomeu Bueno da Veiga (o Anhanguera) dentre outros "heróis" do Brasil bandeirante.

Como nem tudo é derrota para os brasileiros, os bandeirantes de Domingos Calheiros foram derrotados na batalha fluvial de Mbororé, nas 11 voltas do Rio Uruguai, entre 11 e 18 de março de 1641. Comandava a guerra o cacique guarani Inácio Abiaru, usando tecnologia própria, adequando os canhões de proa canoeira não ao ferro fundido, mas nos troncos de urundi.

Na mesma lógica das bandeiras de corsários nas entradas além Tordesilhas funciona a aplicação das máximas do pensamento único no Brasil atual. O acionar é o de saquear a riqueza local e transformar nossas identidades próprias em complexos de bastardos. Isto ocorre ao aplicar sem senso crítico algum a toda a bula das especialidades referenciadas no neoliberalismo nas áreas da política, gestão pública, economia política, política econômica e tudo o que tiver relação com a "governabilidade".

Por momentos a política brasileira cansa o analista. Mais estimulante é oferecer vara, caniço e rede do que fazer um arrastão de peixes a cada semana. A analogia conceitual e a discussão de governabilidade são decorrentes da postura de Luiz Inácio em promover um "governo de coalizão". Convido a todas e todos a se informar em detalhes das manobras de bastidores dos quatro PMDBs nacionais que se movem à espreita do botim do Planalto. Ou, ainda ler em fontes especializadas, saber se o salário dos juízes do STF já atingiu os R$ 30.000,00 mensais.

Quanto aos temas de fundo e de fôlego, antes de iniciar o debate é preciso desconstruir as "ideias pensáveis" do receituário de baboseiras neoliberais que poluem nossas mentes. O artigo acima é parte deste esforço de pensamento nativista e popular.

22.

Pela redistribuição impositiva

05 dez. 2006

Conceitos-chave: O texto aborda a defesa do federalismo fiscal contra a concentração impositiva, na divisão do bolo fiscal. Como apenas a União é dotada de instrumentos de política econômica, a dívida pública interna entre níveis de governo é uma forma de aumentar a presença do capital dentro do aparelho de Estado, centralizando as decisões de última instância, sendo o governo central o garantidor dos interesses do capital fictício no modelo de rolagem da dívida pública. Por fim, critica a internacionalização do endividamento interno, pois isso diminui a margem de decisão soberana do país diante do capital volátil transnacional e dos organismos multilaterais.

Um tema sempre recorrente no Brasil é a dita reforma tributária. Sabemos todos que o Brasil tem uma carga de impostos que varia de 38% a 43%. Em termos de comparação, de cada R$ 1,00 circulante, em torno de R$ 0,40 vão para o Estado. O pior não está na carga impositiva, mas na destinação desta. Em países de capitalismo desenvolvido e com capacidade de amparo social a carga é ainda maior. Mas, por outro lado, os serviços públicos funcionam bem, ao oposto do Brasil.

Além da carga tributária, temos outros problemas que tornam este mecanismo mais injusto. Este é o duto cloacal impositivo que escoa sem dó nem piedade 61% da carga tributária para os cofres do governo central. Nos valendo da figura de linguagem, de cada R$ 1,00 em impostos, R$0,61 centavos vão o caixa único do Planalto. A chave do cofre está no Banco Central e quem cuida dos recursos é homem de confiança da Banca internacional. Considerando que mais de 40% do PIB nacional se concentra no Estado de São Paulo e que no máximo 11 famílias controlam mais de 80% do fluxo de informação, comunicação e veiculação de produtos culturais midiáticos, e compreendemos o porquê da falência dos estados e municípios.

Afirmo que isto é um problema de acordo com meu ponto de vista. Isto porque professo um pensamento político de origem participativa e federalista. Para os controladores das finanças do país, a centralização econômica acompanha a afirmação da democracia de procedimentos. No mundo real não há separação entre economia, política e ideologia. Podemos afirmar, sem nenhuma sombra de dúvida e de falta de rigor, que a carga tributária aplicada no Brasil vai ao encontro do modelo político e da forma de acumulação neoliberal. Ou seja, interessa sim deixar a estados e municípios de mãos e pés atados.

Pela mesma obviedade dos especialistas afirmarem ser toda mudança do modelo de política econômica impossível e irresponsável, não se veicula a ideia de redistribuição impositiva. A constituição brasileira, extrapolando suas atribuições de carta magna, chegou a tentar regular a algumas destinações de orçamento fixo para alguns rubros.

Mesmo aqueles cujo orçamento tem destinação assegurada, como para a Saúde e Educação, pouco atinge a ponta do serviço público. Interpretações constitucionais de regulação, como fundos públicos para universalização de serviços, a exemplo do Fust e Funttel, terminam sendo contingenciados. A política econômica que concentra a carga impositiva é a mesma a aplicar a Desvinculação das Receitas da União (a DRU).

As palavras não são neutras e os eufemismos tampouco são aplicados fora de propósito. A "desvinculação", acompanha a "flexibilização" das leis e direitos do trabalhador, o "contingenciamento" rompe preceitos constitucionais e tudo caminha no mesmo sentido. É liberado o fluxo de capitais, acumula-se o papel do Estado e este, sobrecarregando a economia viva, termina por financiar o grande capital privado, em especial o fictício especulativo. Deste modo, o governo central, termina por ser o motorista do pensamento ideológico neoliberal manifestado em orientações macroeconômicas.

O mais explícito destes eufemismos é a palavra "provisória" contido na sigla da Contribuição Provisória sobre Movimentação Financeira (CPMF). Como se não bastasse taxar os correntistas e não aos bancos, a atribuição de provisória transforma-se em permanente, sem sequer mudar o nome da sigla. Não somente ela já é perene como tampouco aquilo que arrecada vai para a saúde na integralidade. Isto não ocorre somente com a CPMF, mas também com outras formas de taxação, originadas para destino prévio e nunca chegam até onde deveriam ir.

Nada disso é coincidência, e a atual acumulação passa pelo eixo das Tecnologias de Informação (TICs) e aqueles ramos da economia integrada beneficiada diretamente por estas. Ou seja, prioritariamente o sistema financeiro e de comunicações. Assim, a concentração impositiva não é apenas o instrumento que assegura o controle interno ao Planalto, mas também a garantia de repasse dos serviços da dívida, sugando os recursos do país e levando ao caos aos serviços públicos e direitos conquistados na Constituinte de 1988.

Ficamos todos muito indignados com a peça de ficção que são os orçamentos votados no Congresso Nacional e nas Assembleias Legislativas. Mas, estas obras de dramaturgia têm como fundo a concentração impositiva e o endividamento sem fim dos governos estaduais e municipais. Quando se dá a gritaria contra a Moratória dos estados, os "especialistas" reafirmam os pontos de vista e interesse dos operadores dos mercados de capitais flutuantes e do Banco Mundial. Assegurar um contrato que não beneficia o país é lutar contra um ponto de vista de interesse nacional. Mas, promover a auditoria da dívida dos estados e do país seria uma "irresponsabilidade", agravando a confiança de investidores.

É por isso que dois temas devem ser vistos e de imediato. Um deles é a tão proclamada e nunca feita auditoria e o consequente plebiscito da dívida. Seja esta dos estados ou do governo central. O outro é uma redistribuição dos recursos dos impostos, de acordo com as atribuições dadas aos municípios e sem nenhuma condição de exercê-lo. Entre a dívida e a lei de responsabilidade fiscal, não sobra espaço algum para as políticas a ser implantadas pelos municípios.

Se o imposto não se transformar investimento público e sob cada vez maior controle direto da população, seguiremos vivendo a democracia limitada e ficcional.

23.

Federalismo e impostos

12 dez. 2006

Conceitos-chave: O texto evolui do debate do federalismo fiscal para o federalismo político, democracia participativa, o municipalismo como base de controle social sobre o aparelho de Estado, garantindo assim a vocação pública por em cima da atividade estatal e da captura do mesmo pelo capital privado. Aponta a insuficiência dos conselhos consultivos, apontando o avanço da democratização com a dotação orçamentária de conselhos municipais deliberativos e a criação de consórcios de associações de municípios para o serviço público municipalizado ou a coordenação de estatais estaduais para tal. Também critica a guerra fiscal e a disputa predatória por investimentos abalizados pelo banco de fomento da União.

No texto anterior, desenvolvemos o argumento que a reforma tributária começa na redistribuição impositiva. Significa repartir entre o governo central, os estados e municípios o montante total da verba dos impostos. Isto seria, um terço para a União, um terço para os 27 estados e o terço restante 1/3 para os mais de 5561 municípios divididos nas 555 micro regiões (dados de dezembro de 2006). Nunca é exagerado lembrar que o governo central suga mais de 61% de tudo o que se arrecada no país.

É óbvio que a medida teria como pano de fundo toda uma mudança estrutural na divisão do poder e na presença do Estado no Brasil. A opção é a maior divisão de responsabilidades, dotando a estrutura política participativa, aprovada na Constituição de 1988, de orçamento e capacidade resolutiva. Isto porque, no Brasil democrático, a municipalização é um brete. De um lado, se aumentaram muito as atribuições das unidades básicas de governo. Por outro, Brasília abre o cofre aos conta-gotas e empareda os administradores na Lei de Responsabilidade Fiscal. Diante da escassez, se reforça a função dos "facilitadores" parlamentares.

O pano de fundo são as emendas extra orçamentárias, por fora e por dentro, responsáveis por morder mais de R$ 5 bilhões na última votação do orçamento no Congresso. Nestas emendas, cada deputado reforça seu reduto, também conhecido como curral eleitoral. É desta forma que o Estado se apresenta, como uma máquina pública emperrada e que depende da presença de operadores profissionais. Cada deputado federal tem uma rede de "dobradinhas" estaduais, e abaixo destes, uma leva de prefeitos e vereadores. Quebrar esta cadeia de comando e decisões verticais é uma das metas de um exercício de poder federalista e com primazia pela democracia direta.

Considerando o padrão de comportamento político no Brasil, não podemos esperar que simplesmente os políticos e seus consórcios econômicos parem de se alimentar do dinheiro dos impostos simplesmente apenas porque o município passaria a ter uma maior autonomia financeira. É justo o oposto. A distribuição impositiva e a municipalização, só funcionam sob um maior controle público, não apenas fiscal, mas decisório. Assim, o marco legal dos conselhos municipais, estaduais, do desenvolvimento (micro) regional, só avança se os delegados destas instâncias tiverem poder de fato.

Atualmente, apenas no município de Porto Alegre, existem 20 conselhos municipais, dos quais o único que não funciona é o de comunicação social. São tripartites, Estado, Capital e Sociedade Civil, mas não tem nem dotação orçamentária a altura, nem tampouco maioria de delegados populares na composição. Sob o mito da "sociedade civil", a organização social se confunde e perde caráter classista. O resultado disso tudo é a burocracia no movimento popular e a ocupação da agenda militante com reuniões sem fim e com pouca finalidade. Ao dotar estes conselhos de verbas diretas, além de estrutura de fato, o dinheiro público passaria, em parte, para a instância de democracia direta.

Ressaltamos, o federalismo com base em municípios depende necessariamente de participação popular. Do contrário, seria dar carne fresca na boca do lobo faminto. Ou alguém em sã consciência aumentaria a verba das atuais prefeituras sem modificar o mecanismo de governo e governança? É óbvio que não. Assim, ou se transforma a instância base da democracia brasileira, ou viveremos a reclamar de escassez de verbas, emendas suspeitíssimas e laudas sem fim de auditorias e investigações.

A própria instância de conselhos só será bem vista caso seja fruto de mobilização e conteúdo. Não adianta preencher as vagas do Orçamento Participativo (OP), sem aumentar a dotação orçamentária. Nos municípios onde o OP funciona, a média é de 4% da verba líquida. Isto dá na ínfima quantia R$ 0,40 a cada R$ 10,00 que se tem para gastar. Obviamente que a disputa se torna fratricida de um bairro contra outro, a rua de cima contra a de baixo e o "grande debate" vira a escolha de parada de ônibus ou praça de lazer.

A escassez é tamanha porque a racionalidade que governa estes fundos impositivos não são públicos, mas privados. Estivessem sob o controle dos interessados, jamais seriam "contingenciados" para cumprir compromissos da dívida ou então financiar a oligopólios ou transnacionais. O que é afinal gasto e o que é investimento? O BNDES financia a indústria que aqui se instala ou quer instalar. Os estados entram em guerra fiscal e abrem mão de receita futura para garantir um empreendimento financiado com dinheiro do próprio estado. As prefeituras se matam para cederem terrenos e beneficiamentos de uma massa pré-fabricada, sem nenhuma garantia de permanência após o termino dos benefícios fiscais.

Se de cada real que circula no país, 0,38 em média é imposto, quanto desse imposto vai para os capitais que querem se financiar com o dinheiro do Estado? E se destes R$ 0,38 do botim impositivo, ao menos R$ 0,10 estivessem sob o controle direto de controles municipais? Porque, com a municipalização consorciada de serviços básicos e a destinação constitucional de recursos, os serviços não funcionam em função de controle.

Sendo este o problema, façamos uma experiência federalista de controle através de conselhos. Não seria nenhum "absurdo irracional", muito pelo contrário. Até mesmo dentro do debate da reforma política, um amplo setor defende formas participativas. Tais como as formas reais de aumento da democracia direta e deliberativa.

24.

A autorregulação da plutocracia

15 dez. 2006

Conceitos-chave: O texto observa o fato de legislar diretamente por seus próprios interesses, a partir de medidas prebendarias (como aumento de salário e verba de representação), superando assim as capacidades dos partidos controlarem seus parlamentares, estando cada gabinete como uma agência de difusão de proselitismo e da capacidade de intermediação parlamentar no exercício do mandato.

A última "novidade" do nobre Congresso Nacional é de fato estarrecedora. Sem titubear, capitaneados por Renan Calheiros (PMDB) e Aldo Rebelo (PC do B) – à época respectivamente presidente do Senado e da Câmara Federal -, os congressistas resolveram, pela própria conta, aumentar seus salários na base da "lei". A lei, ora a lei. Esta dita cuja que quase não se cumpre, quando cumprida, termina sendo para beneficio próprio.

Subir de R$ 12,8 mil reais para R$ 24,6 mil reais beira o absurdo. Mais absurdo ainda é imaginar que as verbas suplementares, tidas como salário a mais superam a capacidade de arrecadação dos grupos políticos originais dos nobres parlamentares. Assim sendo, inverte-se a lógica da representação, sendo esta um aparelho de captação de recursos, acumulo de capital simbólico, estoque imagético, presença midiática.

Jogando nas 11 posições, um nobre parlamentar é um agente de negócios, seus e de terceiros. Na hora que a coisa aperta, cortam-se três ou quatro cabeças, entrega-se o dedo mínimo para não mexer na capacidade de pegar o que quiser das ágeis mãos. Resumo da crítica a respeito do comportamento do Congresso Nacional.

25.

Aumento dos congressistas e legitimidade

19 dez. 2006

Conceitos-chave: Aqui se aponta o neoinstitucionalismo como defensor de fórmulas onde a meta final é assegurar a governabilidade, mas sem mensurar os custos transacionais. O caso estudado é de autorregulação onde corporações de ofício das carreiras jurídicas se portam como estamentos dentro da disputa pelo botim orçamentário, impondo suas vontades coletivas (parciais, setoriais) por em cima das necessidades sociais e do preceito constitucional no conceito de salário social. Conclui na defesa da votação nominal e aberta para todos os ritos do Congresso, não aceitando o colégio de líderes e a votação simbólica tanto para temas estratégicos como para pautas do próprio interesse das posições da elite do Estado, incluindo o Poder Legislativo.

O aumento concedido pelos congressistas a si mesmos, coroa a série de desmandos orçamentários iniciados pelo Judiciário e o Ministério Público Federal. Foi o próprio STF que iniciou a concessão de aumentos, seguido pelo Conselho Nacional do Ministério Público e culminando com os 91% dos salários do Congresso Nacional. Como as corporações republicanas forçaram, o efeito cascata vai virar uma enxurrada. Subir o salário dos parlamentares para R$ 24,5 mil foi apenas a ponta do problema. O debate de fundo é a legitimidade destas instâncias e suas formas de resolução.

O primeiro absurdo é constatarmos que estes políticos poderão ter o bônus do aumento salarial sem nenhum ônus em sua imagem. Isto porque, mais uma vez, se recorreu à mesa do colégio de líderes. O mecanismo por si só, embora possa disciplinar aos parlamentares a votarem junto de seu partido, também funciona como uma câmara semissecreta para decisões delicadas. No meio sindical e estudantil, este procedimento, em geral acertado por dirigentes ao costado das bases, é conhecido como "conchavo". Ou seja, a decisão de líderes sem consulta, definindo entre poucos, aquilo que deveria ser uma decisão coletiva.

Em si o aumento já é um escândalo por dois motivos. Nenhuma categoria está arrancando conquistas dessa ordem, e o mecanismo decisório é um convite à falência democrática. Já escrevemos vários artigos defendendo o voto aberto universal e obrigatório nas casas parlamentares brasileiras. Pode-se até argumentar que tal mecanismo vai trancar a pauta legislativa. Esta mesma pauta é travada quando convêm às legendas e suas lideranças. Assim, o argumento de que o voto em aberto, nominal e público é feito para atravancar as votações, não é correto. Como investimento na transparência política, pode ser uma das tábuas de salvação da legitimidade dos congressistas.

Se a política é feita a partir de identidades e prebendas, o senso comum deve valer para analisar o comportamento parlamentar. Em qualquer bairro humilde e cidade pequena deste país, prevalece a sabedoria popular de "quem não deve não teme". Sendo assim, porque os "nobres parlamentares" da Câmara e do Senado não podem votar em aberto, fazendo fila para falar em plenário e defender de peito aberto temas delicados? Poder até podem, mas não querem.

Quando o mecanismo decisório propicia uma maximização de ganhos e diminuição de perdas, porque mudar? Sim, se entendermos que o político profissional se comporta antes que nada como um agente de seus próprios interesses, o colégio de líderes tem sua razão de ser. Inúmeras fórmulas importadas pelo neoinstitucionalismo militante nos ofertam conceitos analíticos do comportamento parlamentar. Supostamente, a fórmula pronta do presidencialismo de coalizão aponta dados irrefutáveis da "governabilidade": maioria parlamentar e aprovação das políticas da presidência.

Isso é certo, mas falta uma pergunta crucial para o interesse público: E os custos de transação? Qual o preço da maioria que assegura a "governabilidade"?

Supostamente, associamos o comportamento nefasto ao chamado "baixo clero", cuja representação simbólica máxima foi a Presidência de Severino Cavalcanti. Estes parlamentares teriam um procedimento de atitudes paroquianas, defendendo antes que nada seus redutos eleitorais e as prebendas para seus correligionários. Já os cardeais, em tese, deveriam se portar como grandes estrategistas políticos, articuladores entre toda a sociedade, magistrais ao moverem-se nos corredores do Congresso. O colégio de lideres prova o oposto.

Os congressistas, ao se afastarem das bases que os elegeram, tanto por seus rendimentos como pelo proceder, acercam-se da forma como os poderes constituídos se portam de fato. Ou seja, nada é como nos dizem e tudo é como parece. Basta acompanhar a cobertura factual da mídia política e ficar estarrecido. O escândalo não se torna em alternativa justo por falta de teoria democrática que se contraponha a falência de ritos e procedimentos promovidos por operadores políticos autorregulados.

Não é preciso aprofundar-nos na história para comprovar esta hipótese com evidências. Basta comparar o salário mínimo proposto pelo Copom e o aumento autoconcedido pelo Supremo, o MP e agora o Congresso Nacional. Na defesa de seus interesses diretos, magistrados, procuradores e parlamentares vão gerar um efeito enxurrada tão ou mais nefasto do que os escândalos das sanguessugas e mensaleiros.

O salário mínimo nominal de novembro de 2006 é de R$ 350,00. Segundo o preceito constitucional deveria ser da ordem de R$ 1.613,08. O repasse para a saúde seria de 12% da receita líquida do país, e quando muito atinge a 6%. Os médicos residentes, são responsáveis por 70% do atendimento hospitalar do SUS, até a greve de 2006 recebiam R$5,00 a hora, com carga horária contratual de 60 horas e com desconto de 20% na fonte. Após a vitória do movimento grevista obtiveram um aumento de 30% de seus vencimentos.

Sem nenhuma demagogia, porque os congressistas não perguntam para a população qual o aumento que deveria ser dado, tanto no salário mínimo como para os trabalhadores do SUS? Alguém tem dúvida de qual seria a resposta? Se o aumento dos congressistas não for ilegítimo, então onde está a legitimidade republicana?

26.

Reforma política e soberania popular

26 dez. 2006

Conceitos-chave: Aqui se faz a crítica da transição pactuada, uma transição de elites sem um pacto substantivo que reforce a dimensão social da democracia. A partir destes conceitos clássicos da ciência política na saída dos regimes autoritários na América Latina e no sul da Europa, faz-se a crítica de uma reforma política que não inclua instrumentos permanentes de participação popular e mecanismos de consulta direta, além das necessárias regras eleitorais e de funcionamento dos partidos políticos.

Aproveito este texto para trazer de volta um tema conceitual. Trata-se da reforma política, ou melhor, das ideias de reforma política trabalhadas por vários centros decisórios. Para a ciência política brasileira, ao menos em seu setor hegemônico, tal assunto vem sendo a menina dos olhos. Para os operadores políticos nacionais, a cada escândalo semanal alguém relevante brada: "Pela reforma política!". Assim, sabendo pouco ou nada sobre aquilo que se quer, a palavra mágica torna-se pedra de salvação para a ilegitimidade crescente de ritos e procedimentos políticos cada vez mais vazios de conteúdo.

Assumo este debate como de certa importância, embora não fundamental. A crítica começa na própria forma como se dá a discussão. A "reforma" aqui debatida é a aplicação de regras e procedimentos eleitorais de algumas democracias consolidadas. Laudas sem fim defendendo e atacando a lista fechada, a lista aberta, o percentual de 30% para as mulheres, se o voto será distrital ou distrital misto e a porcentagem de um eleitor, um voto, que seria aplicada para a Câmara dos Deputados. Mesmo reconhecendo estes temas, levanto o problema de fundo.

Na democracia brasileira pós-1985, a equação é a soberania do eleitor e o estatuto da representatividade. Isto porque a forma de mandato abre muita margem para que o operador político faça o que bem entenda. Uma das formas de mandato da democracia inglesa surgida após a Revolução de Cromwell, tão bem quista e falada pelos acadêmicos brasileiros, era o chamado mandato imperativo. Neste, tanto o parlamentar como o executivo tinham uma estreita margem de manobra para negociação. O controle era maior, até porque o número de eleitores era pequeno. Ou seja, ainda que com poucas variáveis, o mandato era programático e não de ocasião. Justo o oposto da política brasileira.

Para democratizar o Brasil atual é preciso garantir algum grau de mandato imperativo em nossa democracia de massas. Material humano para testar e aplicar saídas, nós temos de sobra. Assim, a ciência política nacional aplicaria os recursos públicos dos programas de pós-graduação para aumentar a eficiência governamental e a soberania popular. Infelizmente, na maior parte das vezes, ocorre justo o inverso. O efeito nas ruas é pior do que o ceticismo de intelectuais. A maior parte dos eleitores termina por se sentir desamparada pelos governantes. Pregar o bom governo não basta mais, este tem de se materializar, e logo.

Democracia, em tese, e ainda segundo os gregos, teria o significado de "mando do povo". Assim, com maior ou menor autonomia do representante e do gestor público, cabe ao indicado fazer valer a vontade popular. Portanto, mesmo com todos os recursos midiáticos e de marketing eleitoral, supostamente é a soberania popular quem decide. Assim sendo, e visto fosso entre eleitos e eleitores, a melhor reforma política é assegurar a decisão popular sobre os temas fundamentais para o país.

O grau de definição que teria este conceito depende da maturidade e mobilização popular daqueles que o defendam. Particularmente, entendo que um modelo federalista de Estado, somado a aplicação de mecanismo de democracia direta, são ferramentas necessárias para o aumento da participação popular. Modelos e experiências, a humanidade gerou de sobra.

É "curiosa" a escolha de modelos de democracia. A lista fechada e o voto distrital misto servem porque alguns países de capitalismo central o aplicam e bem. Já a base de decisões via plebiscitos, aplicada no Uruguai, mas também na Suíça, não é sequer levada em conta. Em um texto anterior escrevi sobre a aplicação de mecanismos que desconstituam os operadores políticos como classe para si. Insisto neste argumento, e defendo a aplicação de instâncias de participação popular direta. Conselhos gestores com dotação orçamentária e plebiscitos são a primeira saída para esta institucionalidade.

Em toda a América Latina é enorme a decepção com os regimes democráticos. No Cone Sul do Continente, as elites políticas compraram o embrulho fechado da "transitologia", crendo mais do que os próprios espanhóis nos "milagres" do Pacto de Moncloa[16]. Para mostrar que não estou exagerando, uma semana antes da publicação de um artigo meu na Zero Hora, Fernando Henrique Cardoso escreveu sobre isto na mesma página e seção. Justo ele, discípulo do cientista político Juan Linz (1926-2013) um dos grandes operadores da saída do regime militar com base na experiência de Felipe González. O pacto é sempre importante, mas um pacto substantivo e não apenas de elites.

Nenhuma pesquisa aponta que os latino-americanos queiram a volta dos regimes autoritários. O que se quer é o aumento da democracia e a solução dos problemas fundamentais. Como não existe vazio em política, na ausência de um projeto democrático de inclusão social, qualquer projeto com algum grau de apelo popular e nova institucionalização poderá ser vitorioso. Porque o mínimo que se deve esperar de um governo é que este cumpra a vontade popular para o mandato que recebeu. E, por consequência, que defenda os interesses diretos das maiorias, sejam estas nacionais ou regionais.

Do jeito que caminha a discussão da reforma política, a mesma já surge desenganada. A julgar pelo final casuísta pelo qual passou a cláusula de barreira ou desempenho. Passado o pleito onde se aplicou a regra, e a mesma é retirada! É outra

---

16. Ratificado em 1977, na transição do período pós-franquista, e ainda tendo que consolidar a democracia parlamentar nos governos de Adolfo Suárez, de 1976 a 1981.

lambança, tal e qual a do estatuto da reeleição e a verticalização de alianças. Certo é que sem regras e procedimentos, não se reforma nada. Mas, fora da vontade popular, nenhum rito se sustenta, nem sequer o rito democrático formal.

27.

Desvendando conceitos da política (3): causa e consequência

16 jan. 2007

Conceitos-chave: O texto aborda o tema da responsabilidade pública, com ênfase aos controladores de pessoas jurídicas contratadas para obra pública e a respectiva ausência de cruzamento entre o jornalismo político e o jornalismo econômico. A crítica da privatização de obras públicas acompanha a captura parcial do Estado pelo capital, refletindo a assimetria de acesso aos recursos de poder também na cobertura jornalística de empresas concessionárias de serviço público.

Vivemos a era da oferta da comunicação, onde abundam os conteúdos e escasseiam os veículos com chances de longevidade. Como toda indústria capitalista, os meios de comunicação social, eletrônicos ou impressos, massivos ou segmentados, tende a aglutinar capital, recursos e potencial. A política, ancorada que está nos fatos midiáticos, se escora na inversão das realidades.

O exemplo maior do espetáculo da desinformação se deu na primeira quinzena de janeiro. Refiro a cobertura do desastre (ou falha técnica) do Consórcio Via Amarela, Linha 4 do Metrô de São Paulo, nas obras da Estação Pinheiros. Na tarde de 6ª dia 12 de janeiro, as duas redes de televisão que deram o furo e a cobertura continuada, em especial a que posicionou o seu helicóptero de prontidão em cima do gigantesco buraco, abusaram no desserviço jornalístico.

Uma das primeiras manobras que se aprendem nas escolas de comunicação é a inversão dos agentes. Troca-se o enunciado, e a causa desaparece, chamando a atenção para a consequência. No caso específico do desastre do Consórcio Via Amarela nenhuma TV pressionou as empreiteiras encarregadas das obras. Acompanhei por horas a cobertura televisiva da Rede Record (controlada pelo consórcio-empresarial religioso do Bispo Macedo), retransmitindo em cadeia nacional, e não me recordo de nenhuma entrevista ou sequer questionamento para as diretorias, sejam técnicas ou administrativas, destas megaempresas.

Detalhe, falamos das cinco maiores construtoras do país, são elas: Norberto Odebrecht, Andrade Gutierrez, Queiroz Galvão, Camargo Correa e OAS. As transnacionais operando no consórcio são gigantes, Siemens e Alstom, responsáveis dentre outros equipamentos, pelo chamado "tatuzão", escavadeira gigante. Ou seja, se existe causa, esta parte do agente da obra, as construtoras, e do poder concedente, o governo do estado de São Paulo. Como o empreendimento está segurado, e até esta semana o resseguro é pago pela União através do IRB, o prejuízo das empreiteiras está coberto.

Mas, e o serviço para a população? Tanto o serviço de fiscalização, ofertado pelo Estado e sua respectiva secretaria, como aquele prestado pela concessionária de serviço publico de radiodifusão. Sim, nunca é demais recordar que a radiodifusão (TV e rádio, além do uso do papel jornal), é uma regulação estatal de um serviço público. Em tese, e apenas em tese distante, os meios de comunicação social são uma concessão publica. Por tanto, a seguir algum código de orientação, deveriam expor lados, versões, causas e consequências.

Não precisa ser especialista no assunto para saber que é justamente o oposto daquilo que ocorre diariamente na grande mídia brasileira. Escondem a causa do desastre e passamos a discutir o desastre em si. Como no Brasil o Estado não funciona, e há o triste costume de não informar, as câmaras de TV se agarram ao justo desespero dos familiares das vítimas. São perguntas simples e precisas, tais como:

- O consórcio vai pagar indenização para as vítimas?
- Qual pessoa jurídica será responsabilizada pelo desastre?
- Vão ser reconstruídas as casas e edifícios, construí-los em outro lugar ou indenizar os proprietários e inquilinos dos imóveis destruídos?
- As pessoas envolvidas no entorno receberão o pagamento pelos dias parados?
- De qual caixa sairá o montante do seguro do desastre?
- Quando e sob quais critérios as obras serão retomadas?
- Quanto tempo demora a sair o laudo do desastre?

• Qual será o valor da multa aplicada no Consórcio “responsável” pela obra?

E, já que falamos de causa, tampouco as pessoas jurídicas tem sentido de existência própria. Por mais forte que seja uma organização empresarial ou ente estatal, todas têm titulares, 1°, 2° e 3° escalão, níveis de gerência, departamentos técnicos e uma cadeia de comando a ser respeitada. Assim, à medida que as pessoas jurídicas forem sendo responsabilizadas, esta decisão deve ecoar na interna destas organizações.

Esta é a lógica da política crua, infelizmente, pouco ou nada refletida tanto na cobertura jornalística como no ambiente jurídico do país.

28.

O buraco de São Paulo

15 fev. 2007

Conceitos-chave: Aborda-se o tema da responsabilidade pública e a não responsabilização pelos atos de governo, em especial quando algo que foge ao equilíbrio de forças ocorre, passando pela ausência do Poder Executivo como fiscal do desvio e do poder abusivo do capital sobre os negócios contratados pelo aparelho de Estado.

Infelizmente, como quase tudo neste país, é a pressão midiática, incentivada pela indignação popular, que obriga as forças do Estado a se mexerem. No caso concreto do Consórcio Via Amarela, o buraco da Linha 4, cratera vizinha da Marginal Pinheiros, o espetáculo começa a reverter. Curioso é notar o fenômeno da desresponsabilização. Ninguém sabia, os técnicos não estavam informados, o atual secretário não havia baixado as normas. Nada. Uma reunião a portas fechadas, no apartamento do secretário de obras e o quadro muda.

Por quê?

Pela vontade política do Palácio dos Bandeirantes? Ou pela pressão midiática e indignação pública sobre o alto tucanato paulista. Fazendo um quadro realista, quanto maior o peso e a gravitação do agente econômico, pior ficam a distribuição e o equilíbrio de forças neste setor de atividade. As empreiteiras estão para as obras públicas como a Globo está posicionada para a comunicação de massas e a Telefônica para as teles e o Grupo Votorantim para o cimento. Na base da pressão televisiva, José Serra se decide. Que ardam as cadeiras dos executivos responsáveis pela obra. Perfeito. Mas e a fiscalização? E o contrato? E a aprovação prévia da obra no mandato de seu correligionário, Geraldo Alckmin?

É incrível a memória seletiva dos operadores políticos. Serra nada podia saber assim como Sérgio Cabral foi "surpreendido" pelos para-policiais (a formação das chamadas milícias paramilitares na Zona Oeste do Rio de Janeiro capital), meses antes estampado na capa de um dos maiores jornais do país!

A meta permanente é não assumir responsabilidade plena sobre os atos de governo, ainda mais quando estes são indefensáveis.

29.

Municipalismo incompleto e incapacitado

15 mar. 2007

Conceitos-chave: O texto aborda novamente o problema da ausência do federalismo fiscal diante de serviços públicos consorciados entre governo estadual e municípios, intermediados por associações de municípios. O tema da concentração de receitas e acumulação do botim impositivo na União é central para garantir o controle da política econômica vinda da União e como fiadora dos aplicadores e investidores externos no país.

A briga entre a Federação das Associações de Municípios do Rio Grande do Sul (FAMURS) e o governo Yeda Crusius, no caso do transporte escolar, representa a ponta do problema do repasse de fundos e do pacto federativo nacional. Se por um lado, cabe ao ente municipal o maior volume de repasses das políticas sociais, de outro, esta é a ponta mais frágil da corda. Ao contrário do que dizem os supostos "especialistas", operando como difusores ideológicos do Estado-mínimo a serviço dos capitais sem travas (vide Super-Receita), a concentração de receita no governo Central é a garantia do sistema financeiro para controlar as finanças do país.

Assim, a Super-Receita e os fundos nacionais controlados levam a um controle de um ente sobre o outro, castrando iniciativas federalistas. Não é à toa que a Ministra Dilma Rousseff [17] apontou que a reforma tributária estava fora de cogitação. No interior do Rio Grande, a coisa estoura no embate por recursos entre a Federação de Municípios e a operadora de finanças e controle de qualidade, a secretária de Educação Mariza Abreu. A secretária de educação do Rio Grande sob governo tucano, da mesma têmpera da professora de economia Yeda Crusius, não vai abrir mão do controle de R$ 30 milhões ou R$ 48 milhões, segundo a Famurs.

Realocação de recursos, contingenciamento de fundos constitucionais, são provas cabais de que o controle sobre os fundos públicos é o condicionamento estrutural gerido pelo Estado contra o Estado. O sistema federativo teria de contar com uma distribuição de, no mínimo, 30% para cada um dos entes, sendo 1/3 para a União, 1/3 para os estados e outro terço para os municípios. Estamos muito distantes disso.

---

17. Então à frente da Casa Civil, ocupando o posto de 2005 até sua eleição como presidenta, em 2010.

30.

A crise da política e a esquerda brasileira em crise

19 mar. 2007

Conceitos-chave: Faz-se a crítica da recusa em assumir a própria trajetória política concomitante à ausência de organicidade partidária e da reprodução do *habitus* político de oligarcas como sendo a norma de comportamento da centro-esquerda como partido de governo e líder da coalizão à frente do Poder Executivo. As categorias básicas do comportamento politico da esquerda sofrem uma invalidação através da reprodução de noções colonialistas vindas de teorias de "análise" políticas oriundas da Escola de Chicago e adjacências, mimetizando um suposto comportamento econômico neoclássico (difundindo o neoliberalismo vulgar) também através do neoinstitucionalismo sem base social substantiva.

O texto aqui apontado vem trazendo para debate um tema muito presente. Já virou senso comum afirmar que a esquerda brasileira, embora tenha chegado a ocupar uma parcela importante do poder com a eleição de Lula, está em plena crise. Concordando com esta afirmação, gostaria de ampliar a ideia de crise da política, onde a função e o papel estão cada vez mais subordinados às lógicas outras, distintas das relações entre lealdade partidária e fidelidade programática.

A posse de Luiz Inácio em 1º de janeiro de 2003 afirma um tipo brasileiro de "sonho americano", segundo o vice-presidente e industrial do ramo têxtil, José de Alencar (1931-2011). Lula surge na vida pública a partir de um posto de interventor, ruma sua trajetória para a esquerda e depois a nega. Como disse o atual ministro da Justiça Tarso Genro, nega peremptoriamente a identidade com a qual flertou sem nunca chegar a haver sido de corpo e alma.

Poderíamos discutir este fenômeno como o preço da acomodação dos corpos, segundo uma mirada foucaultiana, onde a rebelião ou sujeição dos *jetos*, torna os sujeitos socialmente moldáveis. Assim, em bom português, vemos ao exemplo do ex-presidente da república e professor de sociologia da USP Fernando Henrique Cardoso bradar "esqueçam o que eu escrevi". Infelizmente, o problema maior não é se esquecer uma leva de conceitos colonizados, mas sim o efeito de desconstrução das identidades políticas que esta frase gera.

Se assim não fosse, porque a geração fundadora da extinta Ação Popular[18], encabeçada pelo finado Sérgio Motta e o atual governador de São Paulo, José Serra, tenha encarnado a terceirização do Estado brasileiro? O mesmo

18. AP, esquerda cristã, oriunda da Juventude Universitária Católica (JUC), operou como corrente política de 1962 a 1969, vindo a se fragmentar em linhas distintas.

se pode afirmar hoje, quando se encara com senso crítico a forma de vida pública de militantes históricos da esquerda brasileira como José Dirceu de Oliveira e Silva, José Genoíno Guimarães Neto e Dilma Rousseff. Percebam que cito a ex-presos políticos, hoje mestres da sobrevivência em ambientes hostis, moldando ao entorno às suas vontades e ambições.

Tudo isto anda em companhia da homilia ao pós-modernismo, em grande parte, versão cultural e identificação do neoliberalismo. Dissolvem-se os grupos de pressão, bases programáticas, vindo tudo a ser mero casuísmo entreverado com interesse obscuro. Sem teoria, não se faz política, apenas "polititica" e fisiologismo. Sem organicidade, prevalece o indivíduo por sobre o coletivo. As duas afirmações acima, comuns e correntes entre os grupos da direita pós-Abertura, de quatro anos para cá tornaram-se prática hegemônica na "esquerda brasileira".

O paradigma escorregadio está na ausência de orientação estratégica. A política cai na vala comum carecendo de instrumento apropriado. É correta a avaliação que a ideia de partido de tipo burguês, seja intermediário e negociador de demandas experimentando o auge da crise de sentido. Mas, a noção de minoria ativa, orgânica, origem e fonte do partido de quadros, também se encontram nas trevas. Assim, ao rejeitar a ideia de política parlamentar, joga-se fora a água e a criança junto. Ou seja, esta crise é de modelo e de teoria de partido de esquerda.

Na ausência de uma noção funcional e determinada para cumprir sua meta, prevalecem os indivíduos por cima das correntes. Ao associar a ideia de partido com a de partido de massas ou fisiológicos, a esquerda brasileira abandona a real possibilidade de câmbio profundo. Dado o talento nato para os rachas e divisões sem fim, é notável o ressuscitar de chefes políticos e pequenos caudilhos. Isto tanto nas frentes sociais como na esfera política. A marcha inexorável rumo ao individualismo sem fim, faz com que grupos, coletivos, correntes, tendências e até mesmo organizações políticas finalistas sejam algo em extinção.

Dá sua contribuição para a pasmaceira a "ciência" política conhecida nos corredores acadêmicos como "neo--neo". Isto é, neoinstitucionalista e neoliberal, promovendo a venda casada de regime político com forma de produção econômica. O pior do cenário tenebroso, é que os expoentes da superficialidade democrática são ex-militantes arrependidos. Subestimando a própria experiência, decoram de trás pra frente a centenas de baboseiras colonialistas travestidas de conceitos analíticos. O coquetel de bobagens inunda ao temário da política brasileira, promovendo discussões vazias como a de uma possível reforma política sem uma base social para promovê-la.

Como nem tudo está perdido vai se reconfigurando a política como espaço orgânico e de discussão coletiva, mas por fora do jogo institucional. Reinventa-se a democracia real e participativa a despeito da ausência de participação na democracia ritual. Mas, para sair do brete, é necessário analisar os fatores que levaram a militância de Pindorama a se portar desta forma.

31.

A pasteurização da política através da antipolítica

13 mai. 2007

Conceitos-chave: Aborda o tema do individualismo político, onde atores exacerbam sua condição de teatralização, da caricatura política entre pares, trazendo o cotidiano mundano e a padronização estética como um valor corrente nos discursos do Congresso Nacional. Reforça também a ideia de que a bizarrice política é pouco satisfatória no sentido da coerência discursiva e na afirmação das identidades subalternizadas.

Os episódios envolvendo o deputado federal Clodovil Hernandes representam algo mais do que o "folclore" (que nos perdoem os folcloristas) de um estilista televisivo votado mais de meio milhão de brasileiros. Não foi o primeiro conflito superficial por depreciação estética e nem será o último. Dessa vez, tocou a deputada fluminense Cida Diogo (PT/RJ). A opção sexual do deputado não tem nenhuma relação com seu modo de proceder. Não foram e não são poucos os homens públicos de opção homossexual. Nem tampouco a primeira civilização, tomando o exemplo tanto de Esparta como do Império da Macedônia, em especial nos reinados de Filipe II (o Magno) e Alexandre, seu sucessor (o Grande).

Mas, retornando ao Brasil da primeira década do século XXI, a confusão entre um homem polêmico que se nega entrar nas reais polêmicas de quem ele é representante reflete um comportamento que não é novidade. Um exemplo gritante é o da ex-atriz pornô Cicciolina[19], deputada eleita seguidas vezes por pequenas legendas italianas, mas que chegou a se aliar com a então candidata ao Senado e após eurodeputada Alessandra Mussolini, neta do Duce Benito Mussolini e que reivindica sua trajetória. No Brasil, tem um significado ainda mais perverso.

Enquanto o teólogo Joseph Aloisius Hatzinger, alçado ao posto de sumo pontífice da Igreja de Roma[20], amaldiçoa os políticos que votam pelo aborto, o comportamento de corruptos crônicos passa como uma questão de "estilo". *Life style* como diziam os estadunidenses, seguidas vezes retratados pelo *new journalism* e transformado em mercadoria

19. Ionna Anna Staller, húngara de cidadania italiana, atriz pornô e política.

20. Foi papa como Bento XVI de abril de 2005 a fevereiro de 2013.

midiática e fetiche de representação. A caricatura substitui a crítica contundente.

Percebam a capacidade do eufemismo, caricaturando políticos de pouco ilibada trajetória. Poderia chegar à outra leitura, menos cínica, onde o individualismo metodológico de Clodovil Hernandes observa que o choque anafilático estético em cima de uma deputada federal de formação médica, é mais contundente do que fazer uma real crítica para o aumento de 28,5% para senadores e deputados tão "produtivos".

32.

A análise política a serviço da democracia delegativa: comentando a posição de dois colegas da ciência política no Rio Grande do Sul

01 jun. 2007

Conceitos-chave: Aborda-se a presunção de racionalidade absoluta baseada na suposta infalibilidade do individualismo metodológico e na condição absoluta da fantasia intelectual da maximização de ganhos individuais e a minimização de perdas individualizadas sob o mesmo parâmetro. Ao ignorar a racionalidade no embate da luta de classes, o analista opera como um epistemicida, retirando a conotação racional de atos públicos que confrontem a ordem social imposta e instituída.

Ou quando a ciência política faz a sua escolha racional para desconstruir as formas de luta popular em benefício da democracia minimalista e sob o controle do sistema financeiro. O "cientista" supracitado abaixo é exemplo dessa opção de filiação ao pensamento guia original dos países centrais e iniciados na restauração conservadora de Thatcher e Reagan.

Vale lembrar, tudo começa na data nacional de luta deste ano, dia 23 de maio de 2007, quando após mais de quatro anos, boa parte do movimento popular gaúcho e brasileiro se coloca em posição de ataque. No Rio Grande do Sul, convenhamos, as medidas de luta até foram tímidas e ordeiras, se comparado com a tomada da hidrelétrica de Tucuruí.

Ainda assim, o periódico, Zero Hora, na reportagem especial, páginas 4 e 5, edição de sexta-feira, dia 25 de maio de 2007, Ano 44, Nº. 15.245, 2ª edição, traz a manchete "Em busca de atenção!". E, obviamente, aportam opiniões "científicas". Dois especialistas do Rio Grande do Sul e outros dois em nível nacional. Recortei aos dois da província.

O subtítulo aponta que: "A opinião de cientistas políticos sobre a eficácia das manifestações".

Um notório colega neoinstitucionalista (cujo nome achei por bem retirar do texto para o livro por questões de cortesia acadêmica), cientista político, professor da Universidade Federal do Rio Grande do Sul (UFRGS), decorre sobre sua ideia de "eficácia", isto sem expor as premissas, portanto, levando a falsas afirmações porque os pressupostos são inexistentes.

Pergunta o ilibado veículo:

OS MOVIMENTOS NÃO SE PREOCUPAM COM A POPULAÇÃO?

"Não. Revela a pouca inteligência dos sindicalistas porque provocam a ira da população em geral. Eles conseguem o contrário do efeito pretendido. Geram desconforto e, consequentemente, antipatia."

PROTESTOS DE RUA QUE CAUSAM TRANSTORNOS GARANTEM O APOIO DE CIDADÃOS?

"Dá a impressão de que não importam os resultados. Importa muito mais essa coisa febril, o ativismo, fortemente partidarizado do que propriamente os resultados. Quando há uma organização em torno do resultado, há uma certa dose de racionalidade."

OUTRA FORMA DE DEMONSTRAR DESCONTENTAMENTO ATRAIRIA MAIS APOIO?

"Não há problemas em fazer manifestações, passeatas e panelaços na rua. É uma maneira legítima em uma democracia. Agora, tem de fazer as coisas sem prejudicar a população. Essa falta de sensibilidade dos sindicalistas é espantosa."

Observemos os argumentos: pouca inteligência – coisa febril – falta de sensibilidade. O colega entrevistado parte do princípio da escolha racional, segundo seu próprio ponto de vista. Ou seja, o de maximizar os ganhos, dentro das regras do jogo, e não ferindo os constrangimentos da ordem. Simplesmente, sociedade alguma pode mudar assim. O ato de rua constrange e ataca a ordem da cidade. Cortar o trânsito é como cortar uma artéria, bloqueando um acesso, obrigando o poder local do Estado a se envolver no conflito.

O confronto em si, eleva o nível de envolvimento dos manifestantes, gerando maior cumplicidade diante do perigo eminente. Este é um papel didático da repressão, e buscá-lo, faz parte do processo pedagógico de uma categoria ou setor de classe.

Sim, isto se e caso o analista entender que ainda existem classes e conflitos sociais irreconciliáveis. Caso pense que não existe, sugiro modestamente que observe os habitantes do Arroio Dilúvio ou dos demais assentamentos não urbanizados apenas na capital do Rio Grande, e passam de quatro centenas. E, no caso do Dilúvio que corre ao longo da Avenida Ipiranga da capital rio-grandense, não me refiro às capivaras, mas aos seres humanos sobrevivendo nas cloacas da capital brasileira da urbanidade.

Vale notar como o citado acima, embora de trajetória política ligada à social democracia consegue a proeza de se posicionar à direita de um socialdemocrata arrependido, bem mais à direita do que o primeiro. Basta comparar as duas Notas e as respectivas observações.

33.

A academia gaúcha a serviço da oligarquia: comentando a posição de dois colegas da ciência política no Rio Grande do Sul

01 jun. 2007

Conceitos-chave: Aborda-se o tema da espetacularização dos atos públicos sempre trazendo o problema da imagem das empresas e das instituições oficiais diante de denúncias midiatizadas difundidas por fatos políticos através de fatos midiáticos. Novamente se observa a suposta prerrogativa científica, onde a pretensão cientificista se coloca como elemento legitimador da voz do especialista.

O enunciado de Zero Hora fez a seguinte enquete entre referências da academia. Pincei a dois "cientistas" gaúchos para me concentrar no desserviço que o típico intelectual a serviço presta. São os rebeldes do sistema, defendendo o neoliberalismo com mais veemência do que os fantasmas de Hayek e Friedman.

Traz a Zero Hora, reportagem especial, páginas 4 e 5, edição de 6ª feira, dia 25 de maio de 2007, Ano 44, No. 15.245, 2ª edição, a manchete "Em busca de atenção!". No subtítulo, a nota de cientificidade:

A opinião de cientistas políticos sobre a eficácia das manifestações, com um conhecido ideólogo mais à direita comentando:

OS MOVIMENTOS NÃO SE PREOCUPAM COM A POPULAÇÃO?

"Tenho a impressão de que esse tipo de manifestação está desgastada. Não angaria simpatia por fazer as pessoas se atrasarem ou não disporem de um serviço. Além disso, parecem ser ignorados pelos governantes."

PROTESTOS DE RUA QUE CAUSAM TRANSTORNOS GARANTEM O APOIO DE CIDADÃOS?

"Não sei se os manifestantes percebem que as pessoas estão insatisfeitas ou que estão gerando um efeito contrário ao pretendido."

OUTRA FORMA DE DEMONSTRAR DESCONTENTAMENTO ATRAIRIA MAIS APOIO?

"A técnica de ação do Greenpeace que promove ações espetaculares para a mídia e tenta comprometer empresas e governos é mais eficaz. Afinal, empresários e governantes estão preocupados com a imagem."

Poderíamos inventar um parágrafo explicativo para o debate acima. Imaginemos:

"Ou quando a UDN ganha ares científicos, e fala sem medo aquilo que uns poucos têm de dizer para manter a concentração de riquezas dos grupos econômicos que os financiam diretamente. Como se sabe, uma parcela da UDN saiu do PDS em 1984 construindo o PFL, rebatizado de DEM ('democratas'). Tal modelo de 'democracia' minimalista vai ao encontro da visão delegativa do mando indireto. É a capacidade de afirmar o seu discurso como 'científico' taxando aos demais de 'pueril', 'emotivo', 'exacerbado' que toma como referencia a teoria da escolha racional. Maximizando interesses (deles próprios), esses 'acadêmicos' falham ao não reconhecer a mesma carga de acumulo teórico e conceitual nas práticas políticas de esquerda e de extrema-esquerda. Não por acaso, o que fala acima, teve curta e marcante passagem pela "esquerda" democrático-burguesa. Nada disso é novidade na América Latina, infelizmente. Lacerda que o diga."

Vejam os comentários que selecionei: tipo de manifestação está desgastada - ignorados pelos governantes - ação do Greenpeace.

Sem parecer sectário, vale observar a maior sensibilidade do segundo (citado no 33° texto) em relação ao primeiro (citado no 32° texto). Especialista em mídia, o segundo professor vai à raiz do problema. Isto é, a geração de fatos midiáticos e contundentes, para não apenas chamar atenção das autoridades, mas também criar uma comoção nos setores populares com os quais as categorias em luta têm de aliar-se.

Assim, mesmo fazendo a critica por direita, o citado no presente texto vai ao encontro da ideia de que as mobilizações de massa devem ser complementadas com medidas de ação direta radicalizada. O Greenpeace, embora seja uma ONG transnacional e não um movimento popular executa ação direta contra madeireiras. Outro bom exemplo disso foi o ato das Mulheres Camponesas no centro de mudas e laboratório transgênico da Aracruz Celulose S.A. em oito de março de 2006. Com certeza sua ideia será levada em conta pelos militantes sindicais.

34.

A reforma política da cultura pós-chanchada

19 jun. 2007

Conceitos-chave: Aqui se aborda o problema da importação de conceitos-chave sem a aplicabilidade destes na forma concreta de se fazer política no Brasil. A partir do imbróglio da vida privada atravessada por acórdãos de um consórcio político-empresarial apoiador financeiro de cardeal da república, faz-se a crítica da dupla composta pelo neoinstitucionalismo (na política) e o neoliberalismo (na economia e no modelo de Estado).

Em algumas situações, o Senado da república torna-se uma comédia de tipo pastelão. Após afirmar esta constatação, revejo o que disse, compreendendo que se trata de arrogância elitista. Sim, porque o cinema brasileiro da era Vera Cruz, da chanchada, de Grande Otelo, Mazzaropi e Oscarito não merecem a comparação. O padrão de comportamento grotesco ficava apenas dentro das telas. Não é o caso da Brasília pós-moderna.

O affaire Renan Calheiros-Mônica Veloso[21], recheado de personagens de nosso folclore literário - pobre do Monteiro Lobato - nos faz ver que, entre Pedro Bós e Zé Goiabas, estão quase votando uma reforma política! Isto para deleite da sabedoria neo-neo (neoinstitucionalista + neoliberal), vorazes consumidores de artigos importados na forma de conceitos acadêmicos mal engolidos e de péssima digestão. Na 2ª dia 18 de junho, o diálogo entre os advogados, tanto o da ex-musa da Rede Globo DF e o nobre defensor legal do senador Calheiros ofertou-nos o caldo de cultura que fará o *melting pot* das elites política devidamente reformadas e em listas semifechadas.

Não nos surpreende a cegueira da caixa de ressonância de quem defende a reforma política como solução. O problema é crer na própria mentira. Sem uma mudança nos padrões atitudinais (de reflexos e reação imediata) e longitudinal (na escala de valores) da forma nacional de fazer política, teremos uma saída tão chinesa como o arroz "chop suey" criado nas cozinhas da ChinaTown de San Francisco, cuja origem não se sabe, mas é supostamente uma produção da diáspora. Vejam que interessante; importamos conceitos

---

21. O primeiro, senador e presidente do Senado, a segunda, jornalista e apresentadora de TV no Distrito Federal.

neoliberais e tentamos aplicá-los na classe política das arrobas de bois superfaturados.

Se a prescrição implica na cura do problema, caso fosse aplicada por médicos, a "solucionática" neo-neo daria numa pandemia ampla, geral e irrestrita.

35.

A necessidade de mecanismos sociais de controle popular sobre os políticos

03 jul. 2007

Conceitos-chave: O debate a seguir traz consigo o problema da soberania popular a partir do voto universal, superando a representação exclusiva de classe dominante como no nascedouro da democracia censitária. Também se afirma que o aumento do controle popular vai de encontro da teoria das elites, através do mandato imperativo e a aplicação de medidas disciplinares sobre a deslealdade partidária e ideológica. Para tal, defende-se a presença deste quesito na reforma política que ciclicamente volta ao debate.

Desde este lado do teclado, cansamos de afirmar o conceito de que as candidaturas parlamentares passam por consórcios político-econômico-eleitorais. O candidato, como político, torna-se produto. O elemento contábil, o indicador de produtividade, são os votos eletrônicos contabilizados na urna produzida sob uma encomenda do Tribunal Superior Eleitoral (TSE). Após, o retorno no investimento de risco e futuro, se dá na forma de "emendinhas". Quando o voto era censitário, os políticos brasileiros eram dublês de cafeicultores, usineiros, barões e nobres (com títulos vendidos pelo Império) e bacharéis. A monarquia "democrática" e escravocrata tinha em seus parlamentares figuras que defendiam a própria causa e interesse direto. Na forma atual, os dividendos como "homem público" são superiores do que como "homens de negócios".

A fronteira é tênue entre economia, política e ideologia. Um discurso legitima um modelo produtivo e uma forma de representação ou síntese decisória. E neste ponto, qualquer "reforma" política tem de levar em conta o comportamento médio ou aparente dos políticos brasileiros. É uma equação simples e cruel. Ou se aplicam medidas disciplinares sumárias sobre a casta dos profissionais da política ou veremos, uma a uma, as instituições nacionais caírem no descrédito.

No momento que uma porcentagem de políticos profissionais estivesse sob as denúncias semelhantes vindas do Ministério Público Federal, em um país parlamentarista, poderiam ser convocadas novas eleições. Em nosso caso, imagino algo semelhante, ao menos para cargos específicos. Com alguma frequência isto chega a ocorrer em eleições municipais e poderia se repetir para pleitos parlamentares.

Os leitores alegarão algo razoável em contra. Sim, o país "gasta" demasiado nas eleições, que se repetem a cada dois anos gerando uma indústria de campanhas, candidatos, legendas, pré-candidatos, equipes de cabos eleitorais e propaganda. Mas, repito a equação. É melhor ter uma democracia aperfeiçoada do que um mecanismo viciado e sem crédito.

Junto a esta prevenção jurídico-legal, impedindo o abuso do Foro especial para "autoridades" acusadas de crime comum, imagino outro procedimento. No Brasil Império, o voto censitário era a garantia da defesa dos interesses de uma determinada classe. Passando ao voto universal, esta garantia não se verifica. No modelo anterior, a renda e as propriedades asseguravam ao Império da filial brasileira dos Orleans e Bragança, o comportamento da nobreza parlamentar no que fosse estratégico para seu modo de vida. No modelo universal, ou os representantes são controlados pelos representados, com algum tipo de mandato imperativo, ou então seguiremos no estilo "voto é cheque em branco".

Chama-se mandato imperativo este modelo, quando os parlamentares deixam juramentada uma base programática, da qual não podem se afastar. No caso de votarem contra suas convicções declaradas, caberia a algum órgão conjunto (partido e conselho distrital) tomar o mandato. Mesmo sendo extremado, o mecanismo funciona.

Óbvio, esta proposta aumenta o controle popular e é contrária a teoria das elites, motor e combustível das ideias de reforma política pululando no Brasil. Como disse, trata-se de equação difícil, cuja ordem dos fatores altera o produto.

36.

Constatações das Teorias Democráticas dissecadas em conferência acadêmica

08 set. 2007

Conceitos-chave: Abordam-se, de forma elucidativa, premissas ocultas contidas na muito difundida teoria da "escolha racional", o neoinstitucionalismo e o individualismo metodológico. O caminho do colonialismo intelectual, da colonização através dos pressupostos neoliberais, colonizando o saber das infinitas possibilidades da política e maximizando os interesses privados perante as causas coletivas.

Na ciência política contemporânea, uma mescla de regime político com modelo econômico costuma ser transmitida como venda casada. Trata-se de um conjunto coerente entre si que tem como premissas ocultas a teoria da "escolha racional", o neoinstitucionalismo e o individualismo metodológico. Em suma, da colonização dos pressupostos neoliberais, colonizando o saber das infinitas possibilidades da política e maximizando os interesses privados perante as causas coletivas. A lona por cima deste barracão erguido por Milton Friedman e Friedrich Hayek no longínquo ano de 1947.

Sempre é válida a lembrança do primeiro exemplo desta combinação nefasta para a América Latina, em especial para o povo transandino. Em 1975 o Ministério das Finanças do Chile de Pinochet, com o apoio do carrasco Manuel Contreras ainda à frente da DINA (Direção de Inteligência Nacional, primeiro órgão centralizador da repressão chilena), ratificou um convênio com a Escola de Economia da Universidade de Chicago, sob o controle de Friedman. Daí a expressão macabra dos "Chicago Boys".

Tecnocratas e ideólogos da afirmativa de que a liberdade de mercado estava acima da liberdade política assumiram a Opção Chilena. O Corpo Nacional de Carabineros empunhavam os fuzis da força de repressão interna nos moldes prussianos de Bismarck, concomitantemente às medidas de governo que desmembravam a economia chilena e as poucas, mas relevantes conquistas obtidas durante o governo de Allende.

É indissociável a propaganda nazifascista exercitada pelo diretor de teatro Joseph Goebbels da forma de exercício da estética da violência do III Reich. O mesmo se pode afirmar quanto à vinculação das teorias que pregam o jogo de soma zero servindo de pano para a teoria política como um ritual minimalista e desvinculada da soberania popular com o ideário neoliberal que teve como marco zero no Continente o Chile de Augusto Pinochet.

Tais conclusões foram ditas em alto e bom som no 13º Encontro de Ciências Sociais do Norte e Nordeste (13º CISO), especificamente o GT 04 (Teoria Democrática) e a respectiva Mesa de Teoria Democrática e Movimentos Sociais, com dois colegas outrora radicados no Rio Grande à frente. A honestidade intelectual, a franqueza na discrepância aberta e direta e a coragem de formular teoria política com as vísceras foram as maiores virtudes do evento. Conforme sempre supus, basta tirar um pouco do eixo que a roda do moinho segue girando com rumo ao inverso.

37.

Três perguntas para emparedar o campo de força do neoinstitucionalismo-neoliberalismo

22 jan. 2008

Conceitos-chave: Uma crítica à duplicidade neoinstitucionalismo-neoliberalismo, ampliando a crítica da democracia minimalista e a estreita margem de manobra das disputas eleitorais sem disputar a hegemonia na sociedade. Chama a atenção para a experiência já do primeiro governo onde se consolida o governo de coalizão compondo um centro político a partir de um suposto jogo de ganha ganha.

Enquanto o CitiBank e a Merrill Lynch tem prejuízos seguidos, fruto de mais uma aventura financeira do capitalismo especulativo, o Brasil paga o preço pela falta de regulação dos grandes operadores econômicos. Neste país, as transnacionais tem plena liberdade de ação e Daniel Dantas faz o que quer. Mais uma vez ficam os dilemas políticos. Diante de tal confusão, este propõe uma inflexão entre a razão de sobrevivência no curto prazo e as possibilidades reais de longo prazo. Tendo como fundo musical hipotético um ringtone pós-moderno, baixado em um também hipotético portal controlado por uma transnacional de telecomunicações, controlado por uma holding de balanços fraudulentos (tipo Enron), aí vão três questões que de tão óbvias, quase nenhum colega politólogo ousa fazer:

1) Ganhar as eleições ou assumir o poder? A vitória eleitoral não implica necessariamente o controle dos poderes de fato em um território soberano. Apara um projeto estratégico, não adianta ganhar na urna e não levar na vida real da maioria.

2) Existem condições de exercício de poder sem romper com o modelo macroeconômico? Não, não existem condições de exercício de poder com um mínimo de iniciativa sem romper com o constrangimento estrutural. Minimamente pelo menos. Exemplo: Kirchner pagou a dívida com o FMI, mas antes abateu um bom pedaço. Ganhou com pouco mais de 22% de apoio e fez da esposa sua sucessora com ampla margem.

3) É inevitável a política de alianças para garantir a "governabilidade"? Sim, se a compreensão de governabilidade tiver como pano de fundo a falsa premissa de "equilíbrio", é necessário chamar uma parcela dos ex-governantes para manter o estatuto de permanência como superior da

alternância. Ou seja, a concorrência entre forças políticas tem ser pouco ou nada concorrencial para manter a "responsabilidade" perante os arranjos acordados antes das eleições.

Obs: Estas perguntas valem como crítica para Lula em seu primeiro mandato; já no segundo, é apenas constatação.

38.

As eleições municipais e o tecido social

10 mar. 2008

Conceitos-chave: Aqui se analisa a estrutura básica nas campanhas municipais em localidades de porte pequeno ou médio, ou mesmo em regiões periféricas. O tecido social organizado é alvo de incidência política, a partir das entidades de base constituídas e dos laços familiares, considerando que a eleição para a vereança é a forma de alcançar o cargo eletivo mais acessível. A pauta de fundo, a que diz respeito às eleições municipais é o direito à cidade, no caso urbano, e a vocação de arranjos econômicos locais, no caso de municípios de maioria urbana ou rural.

2008, como todo ano par, é eleitoral. O pleito marca o calendário e dividem os 365 dias em quatro momentos. Tudo começa no verão pré-carnavalesco, com licença do Parlamento e parte da economia girando no entorno das férias (janeiro e fevereiro); no período de preparo, quando as forças políticas acumulam energia para queimar na campanha (de março a julho); a campanha em si, concentrada e tentando superar a apatia estruturante (agosto e setembro); termina com recursos exauridos e arranjos pós--eleitorais (outubro, novembro e dezembro).

Neste caso, o que me preocupa é capacitar entidades e militantes sociais para evitar a contaminação pelo clientelismo. O xis da questão está no dia a dia. Vivemos nos municípios e não somente no ambiente virtual. Nossas relações cotidianas são mediatizadas, mas os canos de esgoto continuam vazando de fronte às casas da maioria das pessoas. Amizades, inimizades, hábitos, costumes e convivências coletivas seguem existindo nos bairros, centros e cidades. Sobre e dentro deste tecido social opera o cabo eleitoral e as estruturas profissionais de representação.

Está enganado quem pensa a política municipal apenas através dos favores individuais e na ampliação do direito à cidade. Tanto o voto como a revolta está contido nas entrelinhas das comunidades e grupos de interesse, legítimos ou não, legais ou ilegais. O combustível motivacional vai das frustrações acumuladas pelos roubos promovidos por viciados em craque às metas estratégicas de instalação de uma empresa que comprou meia dúzia de lideranças locais. No meio desse turbilhão, está o cotidiano pouco visível. É o famoso "quem conhece quem que pode indicar a fulano e beltrano". A partir de março, cada promoção de meio-frango, atividades comunitárias, carreteiro popular e outras promoções comunitárias serão vistas com desconfiança, mas muito disputadas a sua frequência. O futuro de um vereador muitas vezes depende de cinquenta votos. Exemplificando: três festas gratuitas, dois grupos conjuntos musicais pouco conhecidos mais quatro núcleos familiares e, dependendo do tamanho do eleitorado do município, o candidato está no páreo.

O ataque ao tecido social urbano e metropolitano é cada vez maior. Tanto a eleição de prefeito ou vereador como a indicação de secretários municipais está ancorada na trama da organização da sociedade local. Tudo depende do grau de confiança mútua gerado com a certeza dos anos de convivência. O tecido social está nas canchas de futebol de terra batida, pedra e areia; na educação infantil comunitária onde faltam pedagogas e merenda; nas paradas de ônibus onde todos se juntam e começam a falar mal das autoridades locais; nos chás com bolo dos clubes de mães e comunidades pastorais; nas falas de pastores pentecostais para obreiros e fiéis; nos clubes de futebol amador disputando rachões no chão batido e espaços semelhantes.

A eleição no município é a mosca azul do povo. Estando ao alcance de todos, termina por desarticular quase todo o tecido social de origem popular. Se a entidade não se precaver, termina perdendo seus militantes de base e líderes comunitários para os interesses mais difusos e nada republicanos.

39.

A responsabilidade política nas indicações

19 mar. 2008

Conceitos-chave: Aborda-se a responsabilidade pelas indicações para cargos em comissão ou funções gratificadas em posição de chefia e o ônus político de quem garantiu as mesmas. Evidencia-se que as carreiras políticas implicam em assumir responsabilidades em governos, administrações de turno, dotações orçamentárias e automaticamente frutos e refluxos dessas decisões. Faz-se a crítica da ausência de responsabilização de quem toma as decisões por indicados que cometem erros, equívocos ou se envolvem em processos criminais. Estes podem ocorrer tanto na ação política como em contratos de terceirização. Os acórdãos de indicações e rateio de cargos com dotação orçamentária implicam também nos pactos de governabilidade e nos custos políticos destes...

O ambiente político do Rio Grande vive uma atmosfera parecida com a crise de 2005. A Operação Rodin e a CPI do Detran-RS na Assembleia Legislativa descortinam uma situação bastante incômoda para alguns operadores políticos. Por exemplo, um dos 39 indiciados pela Polícia Federal é o empresário Lair Antonio Ferst, homem que foi caixa de campanha de Yeda Rorato Crusius em 2006. O Já o ex-secretário de Justiça e Segurança do governo Rigotto, o deputado federal José Otávio Germano tem três de seus homens de confiança, Carlos Ubiratan dos Santos, Antônio Dorneu Maciel e Flávio Vaz Netto, acusados no inquérito. Não afirmo com isso que estas pessoas sejam culpadas e tampouco que quem os indicou para cargos de confiança, ou lhes abriu portas para contratos, sejam de antemão culpados por crime algum. Isto cabe à Justiça decidir e a acusação tem de provar.

O argumento do texto é outro. Não posso admitir que o presidente Lula não fosse minimamente informado sobre o suposto Mensalão. Tampouco entendo ser admissível que a governadora do Rio Grande e o ex-secretário não tenham nenhuma responsabilidade política por seu pessoal de confiança. Vivemos a era da falta de responsabilidade. A meta do 39º texto do livro é debater o grau de responsabilidade (culpa e cumplicidade) que um político profissional para com seus indicados.

Defendo a tese de que um ser humano em posição de comando seja responsabilizado por aquilo que seus homens e mulheres de confiança tenham feito de errado. Em algumas atividades e ofícios esta é a norma e isto não está em discussão. Entre as elites políticas dá-se o contrário. Porque será? Toda pessoa com carreira política passa boa parte de sua vida se relacionando com outros. Entre conversas e aproximações, resultam tensões que podem ser ou não solucionadas com a partilha das parcelas de poder ocupada por este ator individual. Como em toda coletividade, o político profissional tem de lidar com interesses conflitantes ou confluentes. Na maior parte dos arranjos, a solução da "governabilidade" se encontra na partilha de cargos, recursos e funções.

Portanto, indicar, ou ser indicado, é algo constitutivo do jogo real da política. Como vivemos a era das terceirizações, existe também a possibilidade de contratos de prestação de serviços como substitutas das funções de Estado. As formas de distribuir poder e recursos são várias. Na política profissional, o poder de um agente ou de um consórcio econômico-eleitoral é medido na capacidade que este(s) tem de manejar uma série de riquezas. Como se tratam de dividendos geridos através da regulação do Estado sobre a sociedade, todas tem responsáveis por seu gerenciamento.

Traduzindo, nenhum centavo de dinheiro ou infraestrutura arrecadado é obra do além. Alguns trabalharam para obtê-los, outros a recolheram e uns a gerenciam. Para cada função-chave tem uma caneta que assina. No Brasil a caneta resolve muito. Isto para indicar. No momento que se dá um escândalo ou acontece uma investigação, "aí ninguém sabe e ninguém viu". Como sociedade nós temos pouca memória e carregamos um triste costume de retirar a responsabilidade do operador pela operação.

Em algumas atividades fora da política profissional ocorre o inverso. Em uma escola que atende menores de idade, tudo o que passa em sala de aula é responsabilidade do educador. Dentro das dependências deste estabelecimento, qualquer evento ou desastre terá na administração escolar seus responsáveis pelos acertos ou infortúnios. Numa mesa de operação ou na execução de diagnóstico, a prerrogativa do ato médico também implica a responsabilidade do profissional de saúde por tudo o que suceder com seu paciente. O médico também é responsável por todo procedimento tomado por sua equipe na sua presença.

Para os trabalhadores do mar ou embarcados acontece o mesmo. O capitão de um navio, seja este comercial ou de guerra, é o responsável direto pelos tripulantes, passageiros, carga e embarcação. Motoristas profissionais vivenciam esse drama diariamente. Levando e trazendo pessoas e riquezas, estão passíveis de ser responsabilizados por aquilo que acontecer. No caso dos motoristas de caminhão, além do risco de vida em si, do tempo que tem para entregar a carga, ainda tem de cuidar a fiscalização da Polícia Rodoviária Federal e o tacógrafo. Se ultrapassar a velocidade, trafegar com mais peso do que o regulamentar ou não estiver com os documentos em dia, é o condutor o responsável e não "o além ou o acaso".

Se para a maior parte dos ofícios exercidos pelos brasileiros o trabalhador é o responsável, como e porque na política profissional é justo o inverso? Pelo princípio da hierarquia, até a caserna ensina lições a nossa democracia. Um oficial ou superior hierárquico é responsável por seu(s) comandado(s), mas um político não tem sua reputação vinculada aos seus indicados e correligionários. Repito, sendo ou não culpados, tudo o que os promovidos pelo peso da caneta de um figurão fizerem é de responsabilidade direta de quem os indicou. Ou os homens e mulheres públicos políticos assumem os custos políticos de seus atos e nomeações ou viveremos com a eterna sensação de que no Brasil, os acertos são privados e os erros são "obra e graça do azar".

40.

O vazio cultural dos brasileiros

26 mar. 2008

Conceitos-chave: Afirma-se que sem a produção, circulação, difusão e consumo de nossos próprios bens culturais nem seremos um projeto de nação inacabada porque sequer teremos este projeto. Identidade, cultura e capacidade cognitiva ultrapassa o interesse direto na relação político-eleitor; governo-cidadania; consumo-consumidor; Estado-nação e elite-povo. O texto se dedica para a crítica da ausência de hábitos de consumo cultural e de bens nacionais, originais e autóctones no país. Isso gera uma crise tanto na formação cidadã como no próprio sentido da brasilidade.

A edição de domingo do jornal O Globo (23/03/2008), trouxe nas páginas 16 e 17 de sua revista os dados de uma pesquisa a respeito dos hábitos de consumo cultural do brasileiro. A matéria é do repórter Fellipe Awi e a pesquisa foi encomendada pelo Sistema Fecomércio-RJ. Os números são estarrecedores e por si só já merecem manchetes sem fim. Neste artigo, apresento um resumo dos dados e na sequência uma análise crítica dos motivos que levaram a 11ª economia do mundo a ter os mais aterradores índices de deficiência cognitiva do Continente que teríamos de liderar.

O primeiro enunciado afirma um hábito transversal a todas as classes. No ano de 2007, 55% dos brasileiros passaram longe de qualquer programação cultural. Destes 69% disseram que não leram nenhum livro ao longo de 365 dias! De cada dois cidadãos do Brasil, um não leu um livro, nem foi ao cinema, ao teatro, a uma exposição de arte ou a um espetáculo de dança ou música! A falta de hábito foi à primeira motivação para as classes D e E (58%) e da A e B (57%). Em segundo lugar como motivação veio "não gosto", em terceiro "não tenho acesso" e apenas em quarto "não posso pagar".

Dentre as formas narrativas a sétima arte foi a que mais sofreu a ausência. Além de sermos invadidos pelos *blockbusters* (versão pós-moderna dos enlatados), 87% dos brasileiros sequer foi ao cinema no ano passado! Para piorar, o custo das entradas e dos produtos culturais é percebido como caro e abusivo. Segundo os entrevistados, um ingresso de cinema deveria custar R$ 8,00; de teatro R$ 14,00 e o preço médio de um livro novo sairia por R$ 19,00.

Somos um dos países com maior número absoluto de internautas, mas sequer processamos o consumo massivo dos bens estéticos da modernidade. Para complicar ainda mais a situação, boa parte dos municípios do país não tem equipamentos culturais adequados. Apenas 8,7% têm uma sala de cinema; 21,2% têm teatros ou salas de espetáculos e livrarias existem em somente 30% deles. Para uma conta rápida e aproximada, de cada 100 municípios, cinema existe em oito, teatros em 20 e livrarias em 30.

Fora toda a concentração midiática, do monopólio dos fluxos de informação, das chacinas de identidade cometidas quando se acabam com sotaques e estéticas, o Brasil ainda tem carência de equipamentos. Muitos podem se perguntar, porque um analista político dedica um artigo a respeito da carência cultural nacional? Simplesmente porque um não vive sem o outro. Quanto menos leitura tiver o eleitor, pior terá de ser o discurso para lhe fazer chegar uma proposta; quanto mais pobre for o imaginário e referência de cada um, mais medíocres terão de serem as figuras de linguagem para falar ao povo. Daí o porquê das gírias e exemplos futebolísticos seguidas vezes aplicados por políticos profissionais para convencerem as maiorias a fazer algo que nos prejudica diretamente.

Um país é construído por suas manifestações e realizações. No primeiro quesito, a informação, a comunicação e a cultura andam juntas. Este grande campo do saber e da atividade humana formam as representações ideológicas, os vínculos com nossa própria história; a trajetória coletiva é individualizada através da linguagem. Não existiria religião monoteísta sem livro sagrado, assim como não há civilização sem alguma forma de escrita. Portanto, temos duas constatações. Não há democracia que resista a ignorância estrutural e a falta de domínio da norma culta da língua. E, o Brasil precisa urgentemente de uma política pública (ou seja, universal e não seletiva) para que ao menos os municípios tenham os equipamentos culturais necessários para seu desenvolvimento. Caso contrário, teremos de nos contentar com o lixo cultural vendido nos DVDs piratas (antes da era do streaming) e com a isenção fiscal através de leis de incentivos e projetinhos.

O aspecto interessante da pesquisa da Fecomércio-RJ é a queda de um mito. Expõe que o mau exemplo vem de cima, demonstrando a falta de hábitos e gosto para consumo de bens culturais das classes A e B. Nenhuma elite nacional pode ter planos ousados se não enxerga a si mesmo. A capilaridade da memória e da identidade é um projeto de nação em si. É inimaginável a coesão dos costumes dos Estados Unidos sem a presença em todo o país do Instituto Smithsoniano, da educação pública e do cinema como forma de exportação de usos e costumes.

Não precisamos ir tão longe para compararmos a nós mesmos. Em países vizinhos e mais pobres, como o Uruguai e na Argentina, a proporção de livrarias e de leitores é muito maior do que aqui. Sem a produção, circulação, difusão e consumo de nossos próprios bens culturais nem seremos um projeto de nação inacabada porque sequer teremos este projeto. Identidade, cultura e capacidade cognitiva é coisa séria e ultrapassa o interesse direto na relação político-eleitor; governo-cidadania; consumo-consumidor; Estado-nação e elite-povo.

Por falar em mau exemplo, no orçamento dos ministérios e gastos de governo está refletida a ignorância que vem de cima. Enquanto o Ministério da Cultura tem para 2008 o orçamento previsto de R$ 1,1 bilhão estão previstos R$ 248 bilhões para o pagamento de juros e amortizações da dívida federal, favorecendo neste modelo aos *dealers* os negociadores dos títulos em mercado secundário. São números que falam por si.

41.

Municípios, improbidade e pacto federativo

16 abr. 2008

Conceitos-chave: Aborda-se o problema do pacto federativo em cima da distribuição do bolo tributário; observa-se o conflito permanente da política municipal, onde o nível de governo, o ente federado com mais atribuições de políticas públicas é o que tem proporcionalmente menor dotação orçamentária. O arranjo de poder e a consolidação do governo de coalizão aponta a relevância dos palanques e inaugurações, através da relação vertical entre o Ministério das Cidades e os interesses imediatos da política dos municípios, que pela correlação de forças, é muito pouco municipalista.

Este texto foi escrito concomitante à realização da XI Marcha a Brasília em Defesa dos Municípios. Organizada pela Confederação Nacional dos Municípios (CNM), o evento aponta as mazelas do sistema federativo nacional. No país temos 5.564 municípios, sendo que destes, se esperam ao menos quatro mil prefeitos reunidos na capital federal. Desde a Constituição de 1988 vivemos uma situação controversa na administração pública brasileira. Aumentaram as atribuições das prefeituras e encurtaram suas fontes de arrecadação. Excesso de atribuições e falta de fiscalização é uma combinação bastante problemática.

No que diz respeito da partilha impositiva, do total de impostos arrecadados no país, a União fica com 58,14%, os estados com 25,27% e 16,59% é dos municípios. O problema reside na relação política. Com pouca autonomia, os administradores obedecem a uma lógica de barganhas e emendas, onde operam deputados estaduais e federais. O sistema de liberação de recursos garante palco e palanque a cada dois anos. Todos sabem que a pior das mesclas é a soma de curral político, obras pontuais para fins eleitoreiros e guerra fiscal. Para mudar este cenário, não resta saída além de maior dotação orçamentária para as prefeituras, revisão do pacto federativo e tudo acompanhado de maior controle público.

Alguns podem argumentar existem os espaços institucionais de fiscalização e participação. É verdade, no Brasil não faltam conselhos de todos os tipos. Não há ausência de debate, o que há é falta de capacidade resolutiva. Com as prefeituras endividadas e os administradores apertados pela Lei de Responsabilidade Fiscal, restaria pouco ou nada para fazer. Esta é uma verdade parcial.

Qualquer situação de dependência de um órgão político para outro é ruim. Se esta relação implicar a gestão de parte do Sistema Único de Saúde (SUS) e da rede pública municipal de educação, então a catástrofe é eminente. É certo, se a União não centraliza o que arrecada e repassa para os municípios mais pobres, é inevitável que os lugares mais ermos, com vocação rural, pouca tecnologia de informação, e carência crônica de serviços básicos entrem em estado de calamidade pública permanente. De outro, não há chance de desenvolvimento sustentado na base da subordinação.

Entre as obras e serviços nos municípios e o repasse de verbas pela União sempre há um ou mais políticos profissionais em situações no mínimo embaraçosas. O ocorrido é quase sempre mais do mesmo. Obras federais aplicadas nos municípios e usadas como dividendos eleitorais visando o pleito de cinco de outubro próximo. Para quem considera que exagero nesta relação de obras, liberação de recursos e chancela de um ou mais partidos, vale reproduzir a fala do ministro das Cidades, Márcio Fortes, durante reunião entre correligionários do Partido Progressista (PP), realizada na Câmara na quarta nove de abril:

"Os prefeitos que não querem ir, eu os obrigo a ir. Na semana passada, o Fetter disse que não podia ir ao evento em Porto Alegre (liberando obras do PAC para o Sarandi, zona norte da capital gaúcha, assim como outras cidades do RS) e eu falei a ele: 'Se não for, eu não assino o convênio'."

Como é sabido, o ministro indicado por Severino Cavalcanti para o lugar de Olívio Dutra, ameaçava não assinar convênio do PAC para obras de saneamento e infraestrutura na cidade de Pelotas, onde Fetter Júnior (PP) é intendente. Justiça seja feita, esta forma de fazer política não é exclusividade do governo Lula, do PP, da base aliada ou de um partido em específico. Mais difícil do que mudar um governo é alterar uma cultura política arraigada por séculos.

Já as administrações municipais, longe de serem vítimas da voracidade da União, são, em sua maioria, cúmplices dos desmandos e improbidades administrativas. Mais uma vez recorro aos fatos. Até abril de 2006, a Controladoria Geral da União (CGU) havia investigado as contas de 1.041 municípios brasileiros, cerca de 20% do total. E, nestas administrações investigadas, chegou-se a conclusão que havia roubo – ou contas suspeitas - em até 80% dos municípios! E de que se trata o desvio de verbas, em sua grande maioria? Justamente dos repasses do governo Central para os entes federados. Tudo obedece à lógica de que, quanto mais distante está o recurso, mais difícil será para fiscalizá-lo.

Fato recorrente, na semana passada foram os pequenos municípios do Rio Grande do Sul a caírem na investigação do Ministério Público Estadual. A Operação Gabarito desvendou um esquema de fraudes em concursos públicos de prefeituras e em conluio com as empresas que aplicam as provas. Considerando que o estado tem 496 municípios, aproximadamente, uma em cada cinco cidades está implicada somente neste tipo de fraude.

O tema dos desmandos municipais é algo complexo e necessita de uma solução de longo prazo. A urgência implica uma mudança no pacto federativo através de reforma tributária, orçamento municipal condizente com as atribuições e a ação fiscalizadora no local. Mas, a complexidade da trama vai além dos mecanismos institucionais. Trata-se de problemas estruturais e que dependem de uma mudança de cultura política e o aumento do controle público sobre as administrações locais.

42. Clientelismo de baixa intensidade

23 abr. 2008

Conceitos-chave: Aqui se abordam as práticas de clientelismo e a contaminação do tecido social marcadas pela apropriação política através da representação municipal. Em termos da ciência política, este comportamento revela uma hegemonia da cultura política paroquiana. Tal prática em escala local traduz-se como clientelismo de baixa intensidade.

Aproximam-se as eleições municipais e a política local passa a ganhar foco e atenção. No 41º texto dedicamos atenção ao contraponto entre a má gestão de prefeituras, o repasse de verbas e a péssima distribuição impositiva brasileira. Mantendo o foco, inicio o debate a respeito das práticas de clientelismo e a contaminação do tecido social por parte dos aparelhos de representação política municipal. O tema em pauta é o dos "estágios" em órgãos da administração direta e indireta das prefeituras.

Existem formas consagradas de exercício de função pública remunerada, ocupando cargos de chefia e assessoria direta e que não passam por concurso. Muitas vezes o indicado não é servidor público, sendo empregada a sigla de CC, ou seja, cargo em comissão ou cargo de confiança. Quando o ocupante do posto é servidor de carreira, a sigla empregada é a de FG ou CD, respectivamente, função gratificada ou cargo de direção. De comum entre ambos é o fato de não haver seleção universal para ocupação do cargo. Tampouco se fortalece a democracia no local de trabalho porque nunca se aplica a eleição entre os servidores para os postos de chefia.

Além de FGs e CCs, outra forma de aplicar recursos públicos sem passar por concurso ou licitação é o uso indiscriminado de consultores e funcionários terceirizados. As pessoas físicas que exercem consultorias costumam ser diretamente contratadas por órgãos públicos - administração direta, autarquias e empresas estatais - ou fundações de apoio. A partir destas pessoas jurídicas, a cadeia de comando e produção utiliza-se de uma técnica gerencial chamada de "sistemista". Nestes casos, uma função pública é aplicada por um consultor, muitas vezes sob um contrato temporário com outra empresa, por sinal subcontratada pela terceirizada inicial.

No caso específico das administrações municipais, estas têm por hábito empregar "estagiários". Muitas vezes, os estágios são obtidos de forma idônea, registrando os currículos dos interessados e direcionados para alguns postos de trabalho. Vejo nestes casos três problemas em ordem crescente. O primeiro é o fato destes mesmos postos de trabalho ocupados por estagiários retirar o emprego de um trabalhador em idade madura. O segundo mais grave, porque muitas vezes, os estagiários não passam por cadastro e seleção de empresa alguma. Assim, entram na administração municipal sem concurso público, por indicação direta de alguém com capital político na ponta da caneta. O terceiro problema é diretamente relacionado com o segundo. Quando não há transparência abunda a desconfiança. O mecanismo de estágios sem seleção pública é terrível, reforçando na população a mentalidade do "é dando que se recebe".

Longe de exagerar, relato aqui algo que vejo na própria rua onde moro. Infelizmente não sou o único. Em termos da ciência política, este comportamento revela uma hegemonia da cultura política paroquiana. Nas ruas de barro e calçamento com sobra de pedreira, esta vivência reforça o duplo discurso. As famílias que veem seus filhos e filhas destinadas ao subemprego reclamam do mecanismo injusto. Ao mesmo tempo, cresce o capital político do possível empregador.

Ou seja, a indicação de jovens para empregos sob o manto jurídico de "estágio" aumenta a relação de prebenda. O possível vereador, secretário municipal, diretor de autarquia e mesmo o presidente de diretório municipal de um partido da coalizão de governo local é visto como um tipo que pode ajudar. "Uma mão lava a outra" segundo o dito popular. Em termos conceituais, a base eleitoral torna-se clientela.

Aplicando algum rigor conceitual e uma dose forte de ironia eu batizo essa prática infeliz de "clientelismo de baixa intensidade". Para os leitores deste blog, acostumados a acompanharem as tramas políticas planaltinas, um tema assim pode aparentar ser de pouca monta. Asseguro que não é. Justo por ter "baixa intensidade", a indicação de jovens para ocupar um emprego sem passar por seleção pública e universal macula o imaginário político e social.

É na ponta que o sistema revela toda a sua capacidade de desorganizar o tecido social. Bastava aplicar o mecanismo de concurso público e a ideia do estágio por indicação cairia por terra. O valor do estudo, cada vez mais em baixa nos municípios periféricos de regiões metropolitanas, iria se reforçar. Isto porque a noção de meritocracia é a mais potente inimiga direta da "esperteza aplicada".

Sendo otimista, imaginem a propaganda proativa gerada por uma prefeitura com 100% de transparência. Uma palavra de ordem para os cabos eleitorais poderia ser: "aqui, na gestão do fulano, tudo é em pratos limpos e até o estagiário faz concurso!". Mesmo com toda a dificuldade que este hipotético prefeito encontraria, tenho certeza de que a imagem renderia um capital político acima da mediocridade típica do "é dando que se recebe". Romper com os desmandos, desvios e fraudes municipais não é algo fácil. Uma boa medida seria começar com o fim do clientelismo de baixa intensidade.

43. A campanha eleitoral em municípios metropolitanos

20 ago. 2008

Conceitos-chave: No texto a seguir se aborda o quesito comportamento eleitoral, os pleitos municipais podem ser considerados ausentes de campanha universal. Se aplicados, os clássicos estudos de cultura política apontariam a prevalência da mentalidade paroquiana. Ou seja, o conjunto de valores, normas e regras (formais e informais) privilegiam o curto prazo, as relações pessoais, os interesses imediatos e a ausência de visão cívica de longo prazo, tanto de eleitores como de possíveis eleitos. Também é feito o debate do apagão midiático em colégios eleitorais de municípios metropolitanos, algo que é diretamente vinculado à ausência de mídia local em nível permanente – seja esta pública ou profissional.

Começa a campanha eleitoral gratuita no rádio e televisão e talvez a corrida esquente. Nas capitais e em cidades polo do interior ao menos os eleitores ficarão sabendo o nome dos candidatos majoritários. Já nas centenas de cidades metropolitanas brasileiras, o problema é de fundo e parece não ter solução. Ainda que sejam grandes colegiados, estes lugares não contam com a campanha eleitoral da mídia eletrônica.[22] Em uma sociedade midiatizada como a nossa, isso é problema na certa.

No quesito comportamento eleitoral, os pleitos municipais podem ser considerados o "fim da várzea". Se aplicados, os clássicos estudos de cultura política apontariam a prevalência da mentalidade paroquiana. Ou seja, o conjunto de valores, normas e regras (formais e informais) privilegiam o curto prazo, as relações pessoais, os interesses imediatos e a ausência de visão cívica de longo prazo, tanto de eleitores como de possíveis eleitos. Considerando isto, como alterar a realidade sem a campanha eleitoral gratuita?

Por piores que sejam os programas, toda e qualquer forma pública é melhor do que a difusão privada. É certo que a desinformação estrutural que sofre o brasileiro médio faz com que candidatos repitam frases óbvias pouco variando o repertório. Também é correto afirmar que na maioria das vezes a estética supera o conteúdo programático. Mesmo assim, uma campanha que universaliza o acesso dos candidatos a eleitores é a menos injusta.

Eis o problema sem fim. Como tornar público o debate político se nos municípios mais populosos, grudados nas capitais, com problemas estruturais e de autoestima de seus moradores, não existe campanha eleitoral gratuita no rádio e TV? Agora já não há o que fazer a não ser aprender

22. Vale observar que o texto foi produzido antes da explosão das redes sociais.

com os erros. Considero corretas as limitações impostas pelo TSE para evitar o abuso econômico. A mesma lei deveria exigir que todos os meios de comunicação eletrônica dessem difusão para o debate público nos municípios. Enquanto isso não ocorrer, ficaremos à mercê das relações de clientela. Na ausência de informação resta apenas mais do mesmo.

44.

CCs, municipários e o choque de lealdades

21 ago. 2008

Conceitos-chave: Aqui se contrapõe o caminho da ação coletiva em nível local com a possibilidade de ter acesso ao aparelho de Estado através de posições indicadas no governo dos municípios. Como a política em menor escala está atravessada pelas carreiras de servidores municipais, assim como prestadores de serviços locais e ofertas de acesso a postos-chave. A trajetória política e a credibilidade construída dentro do sindicalismo municipário podem ser moeda de troca em função de concorrência de direções para cargos eletivos ou aceitação FGs na administração municipal.

Os municípios brasileiros vivem seu momento político de maior tensão (em função das eleições locais). E, no olho do furacão, estão os sindicatos de municipários. Ofertas de composição eleitoral, participação em campanhas e promessas de trabalho no futuro próximo pairam sobre a base sindicalizada. São formas de desmobilização desta categoria, tentando aliciá-la para algum projeto de poder vindo das eleições e não da correlação de força do sindicato na sociedade local. Uma delas é a figura do cargo em comissão, ou cargo de confiança, também conhecido como CC.

Uma das demandas dos servidores públicos municipais é o plano de cargos e salários. O desejo de uma carreira progressiva é algo necessário para motivar todo trabalhador. Quando este se organiza, a ideia toma corpo de plataforma coletiva. A quebra de lealdades se dá na perspectiva de que existe um caminho mais fácil e de solução individual.

Qualquer conquista direta, como uma reposição salarial de 15%, é sempre uma *via crucis*. Implica em risco, perder ponto, ser repreendido, transferido do local de trabalho, fazer greve, organizar protestos, se arriscar a prisão ou violência estatal, paira a possibilidade de não se arrancar nada e no final ainda responder por um Processo Administrativo (o PAD). Por outro lado, a figura do CC está ali, de corpo presente, ganhando essa diferença a mais e sem os custos de ação coletiva da base sindicalizada. Reforçando o comportamento individualista, o cargo esse é de "confiança" de quem o indicou e não do serviço público local. Imaginem a dúvida na mente de um sindicalizado: "eu me dedico, me organizo, e o fulano aí do lado, se relaciona bem, e ocupa posição superior a minha!".

Mesmo em cidades populosas, a tendência das pessoas da administração pública é se conhecer. Para subir por dentro de forma individual, é preciso saber a quem conhecer e com quem se indispor. As redes de relações são fundamentais para todos os tipos de atividades. Como já afirmamos em textos acima, é nas eleições municipais quando as práticas políticas se aproximam do cidadão comum. É quando jogam com peso em dobro as relações pessoais, os graus de parentesco, amizades e antipatias pouco ou nada explicáveis e favores devidos ou em falta.

Torna-se visível a mobilização nesse período em contraste com outros meses. E o motor da efervescência eleitoral são aqueles cidadãos que alimentam a sociabilidade permanente. Na interna do aparelho de Estado local, quem mais agita é alvo preferencial de tentativa de aliciamento. Quem conhece uma direção sindical de municipários sabe o perfil. Gente simples, muitas secretárias de escola, merendeiras, pessoal do setor de serviços e obras, e quando a categoria tem unidade, existe representação única incluindo os servidores da saúde e educação. Mesmo assim, uma diretoria acaba sendo levada por dois ou três abnegados. Basta que um deles acredite ou pactue com a promessa de CC ou FG para quebrar a espinha dorsal da entidade. Se sair para vereador então, o impacto é maior.

O aliciamento é um remédio infalível contra a organização coletiva. É comum ver municipários com boas direções sindicais, mas cuja maioria de diretores era do mesmo partido do prefeito. Resultado corriqueiro, o prefeito se reelege, mas a diretoria perde a eleição sindical. Se um ex-diretor, logo após a derrota, aceita uma função gratificada (FG) na prefeitura, anos de credibilidade construída já é posta em dúvida. Por outro lado, quem se mantém na independência de classe, tem maiores chances de se manter a frente de sua categoria. São escolhas a ser feitas.

45.

A pouca margem de manobra dos municípios

27 ago. 2008

Conceitos-chave: O tema central é a Lei de Responsabilidade Fiscal – como inibidor do gasto de governo municipal – e seus aspectos positivos; também se aborda o fato do baixo treinamento político de quem concorre para cargo eletivo em nível local e as correlações de candidaturas, cotidiano dos munícipes e a estreita margem de manobra para investimento dos municípios.

É parte constitutiva da campanha eleitoral nos municípios uma série de promessas absurdas feitas por candidatos a vereadores. Sem nenhuma conotação elitista, reconheço o problema como muito sério. Para contribuir no debate, é necessário compreender os limites já existentes para a gestão dos municípios. Começo pela maior das camisas de força, a Lei Complementar Federal No. 101 de 04 de maio de 2000, também conhecida como Lei de Responsabilidade Fiscal (LRF).

Entendo que existem aspectos negativos na LRF, e estes não são poucos. Mas, neste texto, apenas ressalto seus pontos que vejo como positivos. Na gíria, a LRF amarra os municípios, para o bem e para o mal. Isto porque os obriga a gastar no máximo 60% de sua receita corrente líquida com a folha de pagamento de pessoal. Deste montante, 54% vão para o Executivo municipal e os outros 6% a ser repartido no Legislativo e com o Tribunal de Contas do Município (quando este existir). Prevendo as tentações de alienação de patrimônio público por parte de prefeitos com ânsias privatizantes e problemas de caixa, a LRF tem uma precaução. Há um dispositivo que impede a alienação de patrimônio público para cobrir folha, já que os recursos conseguidos com a privatização não podem ser aplicados para cobrir salário. Ou seja, a municipalidade pode se endividar, mas não vender o pouco que têm.

A simples existência de uma Lei assim é interessante porque impede gastanças e "trens da alegria" tão conhecidos dos brasileiros. Também é positivo constar na LRF a previsão de transparência total. Qualquer cidadão ou entidade da sociedade civil pode ter acesso às contas do Chefe do Executivo durante todo o mandato. Se o direito é exercido ou não, ou se as contas apresentadas são inteligíveis para a maioria dos munícipes, é outro tema. Apenas a capacidade de exigir a abertura de contas é uma quebra com o tradicional mandonismo dos políticos locais. Outro dado a favor da lei é a responsabilização legal sobre os ordenadores de despesa. Todo e qualquer gasto público tem um CPF que o assina e por este se encarrega. Eis o porquê de a Controladoria Geral da União (CGU) e a Polícia Federal operarem sobre terreno fértil na punição de desvios municipais.

Comparemos estas informações básicas com o teor da competição de votos para a vereança. Infelizmente, duvido muito que a maior parte dos candidatos a vereador sequer consiga se defender num debate sobre a LRF. Ficam duas dúvidas cruéis. Como pode alguém se candidatar a algo que não compreende como funciona? E, como pode um partido indicar a alguém para concorrer a um posto para o qual não está minimamente preparado?

46. O orçamento dos municípios

10 set. 2008

Conceitos-chave: O conceito fundamental é a composição orçamentária dos municípios e como a pouca margem de manobra e a alta exigência técnica para compreender o tema leva aos gestores municipais a tentar cumprir suas obrigações – e assim se dão por satisfeitos –, por outro lado, diminui as chances de que grandes mobilizações populares – efetivando a ação coletiva local – consigam arrancar suas conquistas de forma direta.

No 46º texto deste livro publicamos um texto abordando a camisa de força dos orçamentos municipais, a Lei de Responsabilidade Fiscal (LRF). Por entender sua relevância e a lacuna de informação precisa nas campanhas locais, retornamos ao tema.

O orçamento municipal é composto dentro da LRF em três etapas, sendo cada uma superior a seguinte. Tudo começa com o Plano Plurianual (PPA), onde a Câmara e a Prefeitura têm de estimar e estipular as previsões de quatro anos. Desta sai a Lei de Diretrizes Orçamentárias (LDO), baseada em fatos contábeis. E, ano a ano, subordinada a estas duas leis, é votada a Lei de Orçamento Anual (LOA). É este o momento onde os vereadores podem ser mais incisivos, nas emendas e nas propostas. Muitas vezes, algumas Câmaras terminam por aprovar o orçamento de "porteira fechada", garantindo apenas suas verbas de representação.

É fundamental compreender que os recursos de uma prefeitura vêm, em sua maior parte, de alguns impostos locais (ISSQN, IPTU e outros poucos mais) e de uma fatia do bolo impositivo nacional. Da União vem o Fundo de Participação dos Municípios, que saem de 22,5% do Imposto de Renda (IR) e do Imposto sobre Produtos Industrializados (IPI). As Prefeituras também têm repasse da Lei do SUS, que em tese as obriga a gastar 15% de seu orçamento com Saúde, e do FUNDEB (Fundo da Educação Básica), que igualmente vincularia 15% do orçamento municipal com educação.

Já as obrigações dos municípios são muitas. Este nível de governo deve prover a manutenção e a abertura de: vias públicas, coleta de lixo, fornecimento de água, saneamento básico, educação básica (ênfase na pré-escola), atendimento primário do SUS; além de cuidar os cemitérios e regular os serviços e uso do solo urbano.

É este orçamento apertado que, de forma positiva, obriga os ordenadores de despesas dos municípios a serem cautelosos em gastos absurdos. Por outro lado, diminui as chances de que grandes mobilizações populares consigam arrancar suas conquistas de forma direta. Infelizmente, o vazio conceitual abunda nas campanhas e este debate de fundo não é feito.

47.

O despreparo dos candidatos a vereador

05 out. 2008

Conceitos-chave: O texto aborda o tema das regras de competição das eleições locais, reproduzindo uma cultura política paroquiana e pressionados pelo quociente eleitoral, a obrigação de compor chapa completa com as proporções obrigatórias, além das coligações não ideológicas. A baixa qualidade nas campanhas nos obriga a criticar esta forma de fazer política e buscar uma democracia local substantiva, com qualidade de debate e sem a caricatura de si mesmo.

Afirmo dois conceitos sobre as eleições municipais. Elas são "a mosca azul ao alcance de todos" e "a várzea da política". A primeira afirmação reconhece o grau de penetração do sonho da vereança nas camadas mais humildes. A segunda diz respeito da forma como esta vontade de exercer intermediação de interesses é organizada. Quero reforçar estas duas ideias. O foco do texto é o padrão de recrutamento daqueles que se pretendem parlamentares dos municípios. É lugar comum ter em baixa conta os candidatos a vereadores. Em período de eleições municipais o Brasil vê uma profusão de despreparados pretendentes ao cargo. Entendo que isto ocorre por cinco motivos.

Primeiro é a necessidade de mão de obra abundante para a campanha majoritária. Isto leva os diretórios municipais a convidar muita gente para fechar a listagem mínima de candidatos. Os mesmos também tem a função de serem cabos eleitorais de primeira linha da cabeça da chapa.

Segundo é o critério empregado no recrutamento e o tipo de cultura política que se termina por reforçar. É fato, os partidos recrutam uma série de pessoas para a composição de suas listas. Estes que se postulam ao cargo trazem um capital político. Tal capital não é necessariamente a virtude política, mas sim é baseado em sua rede de relações. Ou seja, não se aponta por capacidade de consecução, a maioria não se candidata porque tem capacidade de executar políticas públicas e sociais. Tampouco essas candidaturas são fruto de uma larga trajetória política na interna partidária. O critério fundamental para "bater chapa completa" é a possibilidade de reprodução da campanha dos prefeitos.

Terceiro, geralmente, o envolvimento de "lideranças comunitárias" passa pelo número de pessoas que este candidato conhece. Se o pretendente for um homem ou mulher midiático, o que irá ocorrer é uma reprodução de imagem além das fronteiras dos bairros e vilas. Já se o aspirante à representação for arraigado num território urbano, espaço de serviço público (como um hospital) ou atividade reconhecida, é fundamental que este traga sua rede de relações pra dentro da campanha. É a aplicação máxima da frase: "você é quem você conhece". Isto retrata um comportamento da cultura política retrógrada, paroquiana e muito conservadora.

O quarto motivo é a pressão para alcançar o número mínimo de votos na legenda e assim poder atingir o quociente eleitoral. De acordo com o Tribunal Superior Eleitoral (TSE) só poderão concorrer à distribuição dos lugares na Câmara Municipal, os partidos e coligações que alcançarem o quociente eleitoral -- resultado da divisão do número de votos válidos pelo de lugares a preencher no Legislativo local. Segundo esta mesma corte, o número de cadeiras em cada legislativo local é a representação de um vereador para cada 47.619 habitantes.

Quinto é a carência de tempo de exposição, levando a uma boa parte dos possíveis vereadores a fazerem de si um personagem. É aí que entram os apelidos, as rimas pobres, as piadas facilmente repetíveis e a correlação com o lugar de origem. Por isso vemos a profusão do "fulano de tal lado".

Compreendo que as regras da competição são acirradas e isto obriga as coligações e legendas a buscar sugar ao máximo seus próprios recursos políticos. Por outro lado, a baixa qualidade nas campanhas nos obriga a criticar esta forma de fazer política e buscar uma democracia local que seja substantiva, com qualidade de debate e sem a caricatura de si mesmo.

Índice Onomástico

F

G

H

I

J

L

M

N

O

P

R

S

T

V

Y

Este livro foi composto com fonte tipográfica
Cardo 11pt e Gotham 18pt impresso sobre papel
Avena 80g/m^2 pela gráfica Pallotti, no Rio Grande
do Sul, para a Coragem e para a Faísca.